20日間でできる 学び合いスキル30の算数指導

石田淳一 編著

東洋館
出版社

はじめに

　令和2年度から全面実施された新学習指導要領では、子どもの主体的・対話的で深い学びを導く授業の実現が目指されています。そこでは、子どもの主体的・対話的な学びを促す働きかけが教師の大切な役割になります。他方、主体的・対話的な学びとはどんな学びなのかを子どもが理解していることも大切です。

　子どもの主体的・対話的な学びには、「学び合いスキル」が欠かせません。これまで筆者が学び合いの授業づくりにかかわった小学校では子どもが「学び合いスキル」を使い、主体的・対話的な学びを実現しています。これらの授業映像を各地の小学校の研修会で見ていただくと、先生方は子どもの学び合う姿に驚かれます。

　本書は、筆者らが学び合いの授業づくりを通して子どもに指導してきた「学び合いスキル」から30のスキルを取り出して、新学期の授業開始後20日間で指導するための手引書として企画しました。本書を使って、子どもに学び合いのスキルを指導することで、算数のみならず他教科での子どもの学びが変わります。

　本書で取り上げた事例は、石川県能美市立浜小学校、川北町立川北小学校、広島県広島市立大町小学校、愛知県豊田市立寿恵野小学校の算数授業実践に基づいています。「学び合いスキル30」は、前広島女学院大学准教授曽川昇造先生の「授業づくりチェック40」を参考に選定しました。「学び合いスキル」の年間指導計画は、栃木県塩谷町立玉生小学校、船生小学校、大宮小学校で実践されました。協力いただいた先生方や児童のみなさんに感謝申し上げます。

2021年2月

石田　淳一

目次

1章 学び合いの授業のイメージをつかもう！　9

2章 20日間でできる「学び合いスキル30」の指導　31

3章 「学び合い」の年間指導計画　89

本書の使い方

（1）学び合いの授業のイメージをもつために

　第1章では、算数の学び合いの授業のイメージをつかんでもらうために、5年生の通分の授業を例にして、学び合いのある授業を解説します。学び合いができるクラスの子どもの主体的・対話的な学びの様子が分かります。また学び合いの授業を子どもとともにつくる教師の働きかけも分かります。

（2）20日間で「学び合いスキル30」を指導するために

　学び合いを通して子どもたちが基礎的・基本的な知識・技能を確実に身に付け、思考力・表現力を伸ばしたり、人とかかわりながら学ぶ態度を高めたりするために、子どもに身に付けさせたい「学び合いスキル30」を20日間で指導していきます。

　第2章では、算数授業展開の場面ごとに指導できる「学び合いスキル30」を一つひとつ分かりやすく解説します。まず、新学期の授業開始から1か月を目安に2日間単位で指導してみましょう。

　20日間で完全にこれらのスキルが習得できるわけではありません。どんな学び合いスキルがあるかを子どもが知ることが大切です。これらのスキルは、全教科で活用でき、それぞれの教科で児童の学び方を高めることができます。スキル番号は、授業展開を考慮しています。1日に1つから2つのスキルで、無理なく指導できるようにしています。また、実態に応じてスキップできます。

（3）年間を通して「学び合いスキル30」を確実に習得させるために

　「学び合いスキル30」は、はじめの20日間で指導した後も、年間を通して指導することで、習得できるようになります。さらには毎学年で子どもの習得の状況に応じて指導するとよいでしょう。

　第3章では、学び合いスキルの指導の月別の重点目標について記載しています。学び合いスキルの年間指導計画に活用できます。

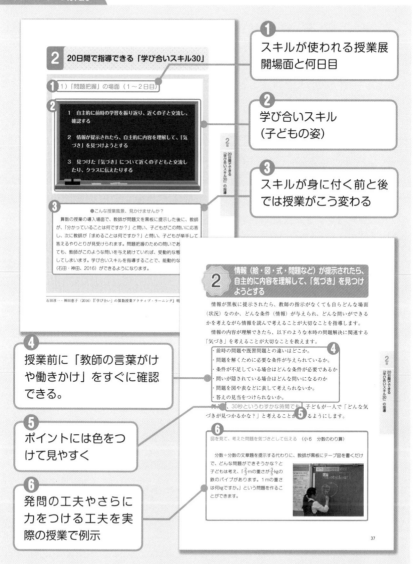

① スキルが使われる授業展開場面と何日目

② 学び合いスキル（子どもの姿）

③ スキルが身に付く前と後では授業がこう変わる

④ 授業前に「教師の言葉がけや働きかけ」をすぐに確認できる。

⑤ ポイントには色をつけて見やすく

⑥ 発問の工夫やさらに力をつける工夫を実際の授業で例示

---

2 20日間で指導できる「学び合いスキル30」

① 1）「問題把握」の場面（1～2日目）

②
1　自主的に前時の学習を振り返り、近くの子と交流し、確認する

2　情報が提示されたら、自主的に内容を理解して、「気づき」を見つけようとする

3　見つけた「気づき」について近くの子どもと交流したり、クラスに伝えたりする

③ ●こんな授業風景、見かけませんか？
　算数の授業の導入場面で、教師が問題文を黒板に提示した後に、教師が、「分かっていることは何ですか？」と問い、子どもがこの問いに応答し、次に教師が「求めることは何ですか？」と問い、子どもが単手して答えるやりとりが見受けられます。問題把握のための問いであっても、教師がこのような問いを与え続けていれば、受動的な態度にしてしまいます。学び合いスキルを指導することで、能動的な（石田・神田、2016）ができるようになります。

石田淳一・神田恵子（2016）『「学び合い」の算数授業アクティブ・ラーニング』明

---

2 情報（絵・図・式・問題など）が提示されたら、自主的に内容を理解して、「気づき」を見つけようとする

　情報が黒板に提示されたら、教師の指示がなくても自らどんな場面（状況）なのか、どんな条件（情報）が与えられ、どんな問いができるかを考えながら情報を読んで考えることが大切なことを指導します。
　情報の内容が理解できたら、以下のような本時の問題解決に関連する「気づき」を考えることが大切なことを教えます。

④
・前時の問題や既習問題との違いはどこか。
・問題を解くために必要な条件が与えられているか。
・条件が不足している場合はどんな条件が必要であるか
・問いが隠されている場合はどんな問いになるのか
・問題を図や表などに表して考えられないか。
・答えの見当をつけられないか。

⑤ 例え　、30秒というわずかな時間で　、子どもが一人で「どんな気づきが見つかるかな？」と考えることが　ようにします。

⑥ 図を見て、考えた問題を気づきとして伝える　（小6　分数のわり算）

　分数÷分数の文章題を提示する代わりに、教師が黒板にテープ図を書くだけで、どんな問題が言そうかな？と子どもは考え、「$\frac{4}{5}$mの重さが$\frac{2}{3}$kgの鉄のパイプがあります。1mの重さは何kgですか。」という問題を作ることができます。

37

5

学び合いスキル30のチェックリスト

★学び合いスキル30のチェックリスト

- ☐ 1 自主的に前時の学習を振り返り、近くの子と交流し、確認する

- ☐ 2 情報（絵・図・式・問題文など）が提示されたら、自主的に内容を理解して、「気づき」を見つけようとする

- ☐ 3 見つけた「気づき」について近くの子どもと交流したり、クラスに伝えたりする

- ☐ 4 問いに対するクラスの挙手状況を子ども自身で判断し、相談を要求したり、近くの子どもと算数トークをしたりする

- ☐ 5 学習のめあてを自主的に考えて提案しようとする

- ☐ 6 解決方法や結果の見通しについて、自主的に考えたり、近くの子どもと交流したりする

- ☐ 7 問題に取り組んで困ったとき、仲間に助けを求めて相談する

- ☐ 8 グループで問題に取り組むとき、仲間と協力して話し合いながら解決を試みる

- ☐ 9 グループ学習や話し合い場面で、自主的に学習しやすい場所へ移動する

- ☐ 10 黒板の前に出て、黒板上の言葉・式・図・表などを指し示しながら発表や説明をする

- ☐ 11 考えが途中まででも発表や説明をする

- ☐ 12 聴き手の理解状況を確認しながら、分かりやすい発表や説明をする

- ☐ 13 聴き手を巻き込んで、問いかけながら発表や説明をする

- ☐ 14 黒板を使って、図・式・言葉をかきながら考えを発表したり説明したりする

- ☐ 15 仲間の考えにつなげたり、仲間の考えをもとに自分の考えを話したりするとき、仲間の名前を出して話す

- [ ] 16 　仲間の発表や説明を考えながら聴く
- [ ] 17 　仲間の考えを聴いたときに、考えを確かめたり、広げたりするために自主的に算数トークをする
- [ ] 18 　仲間の発表や説明を聴いて、クラスに自分の言葉で話す
- [ ] 19 　仲間の発言を聴いて、自主的に助言したり、修正したりする
- [ ] 20 　仲間の発表や説明が途中の場合には、続きを話したり、補足したり、言いたいことを自分の言葉で話したりする
- [ ] 21 　黒板に出された解法を見て、自主的にどんな考えか、分からないところはないかなどを考え、質問したり、説明を要求したりする
- [ ] 22 　仲間の発表や説明を聴いて、分からないことを伝えたり、質問したりする
- [ ] 23 　考えを発表するとき、解決に役立った考え方や間違えそうになったことを話す
- [ ] 24 　仲間の発言につなげて話す（異なる意見表明、理由を付け足す、例を挙げる、詳しくする、まとめる、繰り返す）
- [ ] 25 　仲間の発表や説明を聴いて、共通点、相違点、関連性を伝える
- [ ] 26 　考えを評価したり、よりよくしたり、とらえ直したりする
- [ ] 27 　問題を解決した後に、自主的にグループの仲間と解き方や答えを見せ合い、確かめる
- [ ] 28 　自分でまとめを考え、相互に交流し、よりよいまとめを考えようとする
- [ ] 29 　振り返りで、分かったこと、仲間から学んだこと、もっと考えたいこと、仲間とのかかわり方などを書いている
- [ ] 30 　仲間と振り返りを交流し、仲間の振り返りのよいところを見つけて知らせる

1章

学び合いの授業の
イメージをつかもう！

1 学び合いのある授業は、どんな授業ですか？

　仲間とのかかわりの中で、互いの考えを交流させ、聴いて考えて伝え合うことで、考えを作ったり考えが広がったり深まったりして、自分や仲間の進歩を実感できる授業のことです。

①分からないから教えて

②○○さん、説明するね。
ここまではいい？…
分かった？

④途中でもいいよ。
みんなで助けるから

③○○さんが分かってよかった。
じゃあ、○○さんが説明してみない？

達成　協力　安心　自信　喜び　笑顔　向上　知的正直さ

楽しい授業、支え合う仲間…
このクラスで学習できてよかった！

　学び合いのある授業を進めることで、授業も子どもも劇的に変化します。さあ、学び合いのある授業を始めましょう。

2 学び合いの授業のイメージをつかもう

　5年生の異分母分数の大小比較の仕方を学ぶ授業を例に説明します。

　前時に通分の学習をしています。本時は、通分するときは分母の最小公倍数を使うことを学習する時間で、本時目標は、「通分の仕方を理解し、説明することができる。(思・判・表)」です。教科書の問題は次のようでした。

問題1 「$\frac{5}{6}$ と $\frac{3}{4}$ の通分の仕方を考えましょう。」
問題2 「$\frac{1}{4}$ と $\frac{2}{3}$ と $\frac{1}{2}$ を通分しましょう。」

　この授業の見どころは、「気づきを生む問題提示の工夫」と「協同的な学習を中心とする展開」で、子どもが意欲的に取り組む学び合いの授業が実現されています。この2つの観点から解説しましょう。

ポイント1　問題提示の工夫

　分母どうしをかける方法は前時に学習しているので、多くの子どもが、「6と4の公倍数24を使う」ことが予想できます。この方法を引き出すために時間をかけて自力解決をすることはありません。教師が「6と4の公倍数36（24より大きい）を分母とする考え」を提示し、「この通分はおかしいのではないか」という気づきを生み出し、他の通分を考えるようにさせます。

　子どもの問題解決意欲を高めるため、前時の「2つの分数の大きさ比べという問題を解決するための方法として通分する」学習を考慮し、「$\frac{5}{6}$ と $\frac{3}{4}$ の大きさを比べよう」という課題にしています。大きさ比べのために通分の仕方を考える必然性を生み出しています。

ポイント2　協同的な学習を中心とする授業展開

　協同的な学習を「みんなで考え、みんなで分かる、みんなが分かる」授業ととらえています。そこで、学習形態に注目すると、まず問題1をクラス全体で話し合いながら解決をします。この学びを確かめる練習1の個人学習、この後に発展的な問題2をグループ解決させます。最後に学びを確かめる練習2の個人学習です。授業を通して、クラスの仲間やグループの仲間と一緒に話し合いながら問題を解決する活動を中心に授業が展開されます。

（1）2つのポイントと授業の展開

形態 時間	主な学習活動 T　主な発問　　C　児童の反応	・留意点 ◆評価　◇支援
全 7分	1　本時の課題をつかみ、めあてをつくる 問題1　$\frac{5}{6}$と$\frac{3}{4}$の大きさを比べよう。 C　分母が異なる分数なので大きさが比べられません。 C　通分すればよいと思います。 T　だいすけさんはこう考えました。 　　$\frac{5}{6}=\frac{30}{36}$　$\frac{3}{4}=\frac{27}{36}$ C　もっと分母を小さくできないかな。 T　今日の課題をつくりましょう。 よりよい通分の仕方を考え説明しよう	〈ポイント1〉 ・だいすけさんの考えを提示し、もっと小さな公倍数があることに気づかせ、本時の課題につなげる。
全 8分	2　$\frac{5}{6}$と$\frac{3}{4}$の通分の仕方について考える C　もっと小さい公倍数を使えばいいと思う。 C　つまり6と4の最小公倍数は12なので、これを分母とする分数に直すと比べられる。	・児童の反応を見て相談させる。 ◇自信のない子がまわりと相談できるようにする。

12

個 3分	3　練習1を個人で取り組む T　$\frac{7}{6}$と$\frac{10}{9}$を通分しましょう。	・グループ内で答えの確認するよう促す。
グ 5分	4　3つの分数の通分の仕方を考える 問題2　$\frac{1}{4}$，$\frac{2}{3}$，$\frac{1}{2}$を通分しよう。 T　各自見通しをもち、グループで相談しながら解決しましょう。	〈ポイント2〉 ・3つの分数になっていることを意識させて、グループ学習を行う。
全 10分	5　話し合う T　考えを交流しましょう。 C　分母の4、3、2の最小公倍数は12なので、12を分母とする分数に直しました。 $\frac{1}{4}=\frac{3}{12}$，$\frac{2}{3}=\frac{8}{12}$ $\frac{1}{2}=\frac{6}{12}$	・3つの分数でもそれぞれの分数の分母の最小公倍数を考えればよいことに気づかせる。 ◆通分の仕方を考え、説明できる（思・判・表）
グ ↓ 全 6分	6　まとめる T　まとめをグループで相談し発表しましょう。 通分するときは、分母の最小公倍数を分母にするとよいです。	・グループでまとめを作り、クラス全体で伝え合いながらまとめを作る。
個 3分	7　練習2に個人で取り組む T　$\frac{1}{2}$，$\frac{3}{5}$，$\frac{5}{6}$を通分しよう。	・グループ内で答えの確かめ合いを促す。
個 3分	8　振り返る T　今日の学習を振り返りましょう。	

（2）実際の授業の様子

　では、実際の授業で教師の働きかけや児童の学び合いの様子を解説します。

1）　問題１の提示から課題を作るまで（全体10分）

問題１「$\frac{5}{6}$と$\frac{3}{4}$の大きさを比べよう。」を板書して
20秒待ちます。すると、子どもは気づきを見つけ、
3人の児童が気づきを言いました。これらの気づき
を引き出してから、だいすけさんの考えを提示します。

T　だいすけさんの考えを見てください。

問題提示
気づきを生む
「20秒」の間
「あっ！」

$$\frac{5}{6} = \frac{30}{36}$$

$$\frac{3}{4} = \frac{27}{36}$$

全員に考えをもたせるために待つと、
子どもから 相談 が始まる

（待つ）

C　分かった。

（相談が始まる）

仲間を気遣い、相談 を呼びかける
みんなで分かりたい！

C　相談しませんか。

C4　$\frac{5}{6}$の分子と分母を6倍しています。$\frac{3}{4}$は分子と分母を9倍しています。

C　いいです。

T　こう考えたんですね。聞くよ。
　　　6と4の何を作ったの？

「公倍数」を引き出す 相談

（待つ）（相談が始まる）

「待つ・相談」後、C5につなげて
詳しく答えています

C5　公倍数を用いています。

C6　詳しく言います。

C6　6と4の公倍数だと思います。

T　（6と4の公倍数）公倍数は？

C　36

疑問が出たら
算数トーク
「なぜ？」

C7　なんか違う。

抱いた疑問を
つぶやく

（待つ）（算数トーク）

C7　僕が不思議だと思ったのは、6と4の公倍数だと36より小さい数がある
　　　ので、なんで6と4の公倍数を36にしたのかなと思いました。

C　同じです。

T　分かった？

「なぜ？」に共感

（待つ）

14

T　今C7さんの言ったのはどういうこと？
相談して。

> C7の考えをクラスで共有させる
> ために確認の相談をさせる

（相談）

C8　6と4の公倍数の他の
　　公倍数があるんじゃないか。
　　後は分かりません。

> 途中まででも話す。
> 「発表できた」

C　つなげます。

C9　C8さんが言いたかったのは、36の他に
　　もまだ公倍数があるんじゃないか。
　　どうして36を使ったのかが分からない
　　ということです。

> C8の名前を出して、
> C8の考えを補足する

T　まだ小さい公倍数があるということですか。もっといいやり方がありそう？

T　今日はどんな勉強したい？

C10　もっと簡単に通分する方法は
　　どうしたらいいか。

> 本時のめあてを子ども
> の発言をもとに作って
> いる

2）　問題1をクラスみんなで考える（全体10分）

　全員挙手を目指して、問題1を始めます。そのために、必ず相談する
間をとり、近くの子どもで相談し、仲間の考えを共有しやすくしています。

　最小公倍数を見つけ、それを使って通分すればよいことを全員挙手の
目標とともにクラス全員で見つけています。問題1の全体学習の後は、
この学びを確認する練習1「$\frac{7}{6}$と$\frac{10}{9}$の通分」に個人で取り組み、全体
で答えの確認をしました。

3) 問題2をグループで考える（グループ5分）

問題2「$\frac{1}{4}$と$\frac{2}{3}$と$\frac{1}{2}$を通分しよう。」が板書されると、教師の指示がなくても、算数トークや相談が自発的に行われる。

1班のグループ学習

ボードをみんなで、書く。
・見守る
・付け足す
・読み上げ
・助言
・発表練習

みんなとだから安心

協同解決のよさを考えよう
数学的な見方・考え方が育ちます

　ボードに3つの分数の分母の数4、3、2の倍数を書き、共通する公倍数の中で一番小さい数を見つける方針で進める。

C3　（ボードに4、3、2と書いて、それぞれの倍数を書く）

C1、2、4　（正しく書きあげられるか見守る）

C2　（共通する一番小さい数（最小公倍数）に○を付ける）

C1　（C4とC2の助言を受けながら、ボードに$\frac{1}{4}=\frac{3}{12}$、$\frac{2}{3}=\frac{8}{12}$、$\frac{1}{2}=\frac{6}{12}$と書き、それぞれ分母、分子を3倍、4倍、6倍したことを表す×3、×4、×6を書き入れる）

C2　説明の練習をしよう。

C4　4と3と2の最小公倍数を見つけて12を分母にします。

C4　（ボードに最小公倍数12と書き加える）

全員で説明を行い、C4がC2に「分かった？」と確認

このグループ学習を個人学習ですることもできますが、グループで協同的な解決をすることでどんなよさが生まれるかを考えることが大切です。

・全員で仲間の言葉、書いている数や式を絶えずモニターできる。

・１つの解法をグループみんなで協力して作ることができる。

・解法の表現の仕方を考えたり、グループ全員で説明練習したりできる。

これらは個人解決では実現が困難な、グループでの協同解決のよさです。

4)　グループ学習後の話し合い（全体10分）

黒板に出された全部の班のボード

黒板の前に集まり話し合う

いろいろな最小公倍数の見つけ方で、どのグループも正解していました。黒板の前に集まり、班のボードを眺めながらフリートーク。答えと見つけ方の確認を行い、代表グループが説明。このように全グループが正解しているときは、解法を見合い、表現の違いや工夫について話し合わせると数学的な見方・考え方が育ちます。

5)　子どもがつないでつくるまとめ（グループ→全体　5分）

この授業では、次の手順でまとめが作られました。

①個人でまとめを考えてから、グループでまとめを伝え合う（１分30秒）

②グループのまとめを各自ノートに書く（30秒）

③クラスでグループのまとめを伝え合う（2分）

④教師がまとめを板書する（1分）

上記の③と④の場面の授業記録です。

C1（2班）　最小公倍数を見つければいい。

C2（4班）　最小公倍数を見つければ簡単に通分できる。

C3（5班）　分母の最小公倍数を見つけて通分すればいい。

T　今までの班と違うところ分かった？　大事な言葉は？

C　分母の…

T　分母の最小公倍数。

C　分母の最小公倍数を見つければ簡単にできる。

T　板書「分母の最小公倍数を見つければ簡単にできる」

> 「分母の最小公倍数」を
> 注目させる

6）　学びを確かめる練習2の個人学習（5分）

　グループ隊形で、練習2を個人で取り組ませました。解き終わると、ど

のグループでも自主的にグループ内で
答えを確認しています。

　このクラスの光景は教師が点検に来
るのを待っている光景、教卓の前に列
を作って並んで点検してもらう光景と
は対照的です。

コラム
学び合いの授業づくりに取り組んだ若手教師の振り返り

　「相手に伝えるのって難しいな」「もっと分かりやすく伝えたいな」子どもか
らこのような言葉が聞こえてきます。学び合いの学習を進めていく中で、子ど
もたちの授業や友達に対する意識が変わっていく様子が窺えました。私がこの
2年間で大切にしていたことは、子どもたちを「待つ」ことです。授業中は喋
りすぎず、子どもたちの反応や言葉を引き出すことに徹します。つぶやきや気
づきから、めあてやまとめを作ることを心がけています。(船生小W.S先生)

3 学び合いの授業設計と授業展開モデル

（1）「自力解決」の呪縛から逃れよう

　算数の授業では、問題把握、自力解決、話し合い、まとめと適用問題というような問題解決型と言われる授業展開があります。「一応全員が何らかの自力解決をしなければ話し合いに進めない」という間違った「自力解決の呪縛」から逃れることが大切です（間島、2006）。この授業展開を絶対的なものとしてとらえるのではなく、様々な授業展開の一つとしてとらえることで、柔軟な授業展開づくりができます。

　問題を解決できない子どもにとって、自力解決の時間は、苦痛のなにものでもないからです。この経験が続くと、分からないことを隠し、分かったふりをする子どもを育てることになります。教師は、この間、座席表にチェックしながら回り、個別指導対象の子どもに助言を与えていきます。このような授業光景は、教師の管理下のもとの授業に見えてきます。

　問題解決に困ったら、自ら困ったことを近くの仲間に伝え、助けを求めて、仲間からヒントをもらい、再び解決に向かえる子どもを育てることの方が価値があるように思います。また、自力解決後のグループ学習だけがグループ学習ではなく、最初からグループでアイデアを出し合い、協力しながら解決に向かうグループ学習もあります。

（2）授業展開に取り入れるときの「学び合い」の２つのとらえ方

　最近は学習指導案や授業展開において「学び合い」が明示されるようになってきました。しかし、「学び合い」のとらえ方は１つでないようです。

　ある授業研究会で見た授業では、自力解決が終わると、子どもから「学び合いを始めましょう」という提案があり、話し合いに入りました。

間嶋哲（2006）『聞く・話す・読む・書く４Rsを育てるスモールステップ』明治図書

そこでは事前に教師が指定した子どもに解答を書かせた紙が貼られ、順に発表していました。ここで言う「学び合い」は自力解決後の話し合いを指しています。このクラスの自力解決のとき、隣どうしの子どもがかかわることなく取り組んでいました。取り組めない子どもには、教師が助言していました。

このような子どもの姿から子どもにも教師にも「学び合い」の意味は「自力解決後の話し合い」と理解されているように思われます。

他方、私たちが考えている「学び合い」は授業の始まり（始まる前）から授業が終わるまで（終わってからも）、どんな場面でも学び合いが行われると考えています。教室にいる自分を支えてくれる仲間がいるから、いつでも安心して、授業に積極的に参加し、一緒に考えながら新しいことを学ぼうとする意欲で満ち溢れています。

「グループ学習が協同学習ではない」という指摘がある。「協同学習ではグループの話し合いを多く活用しますが、グループの話し合いをさせること自体が協同学習ではないのです。クラス一体となって学び合い高め合う姿が協同学習なのです」（杉江、2011、p26）

（3）学び合いの授業展開モデル

次のページの学び合いの授業展開モデル（曽川、2020）は、基本的な授業の流れを示しています。

このうち「2　めあてをつくる」は授業によって柔軟に位置づけます。めあてをいつも「3　問題1を考える」活動の前に設定しなければならないと考えていると、子どもの問題1への取り組みを中断してしまうこともあります。子どもの思考に沿い、子どもが困り感や必要感を感じたタイミングをとらえて、めあてづくりをします。なぜなら、授業は子どもと教師がともにつくる探究発見活動だからです。

杉江修治（2011）『協同学習入門』ナカニシヤ出版
曽川昇造（2020）啓林館算数教育フォーラム（広島）講演会資料

◆授業展開モデル

教師の活動　○…教師の発問	児童の活動
1　気づきを交流し、問題場面を把握する	
○「問題1を見ましょう」 ・問題提示の工夫	指示がなくても問題を読み題意を理解しようとする。
＊意欲を喚起し、問いを作り、問題を明確にし、思考を深めることにつながる。	気づきを見つける。
〈気づきの視点〉分かっていること、求めること、既習との違い、似ていること、分からないこと、見通しなど。	
○「気づきを発表しましょう」 ・気づきから見通しへ	気づきを発表する。
＊児童の気づきの内容を簡単にまとめ、板書しながら、解決方法や結果の見通しをもたせる。	

問題から必要な情報を選択

教師の姿勢	話し合い
・児童の発言に「補足説明」しない。 ・「補足説明したいこと」を問う。 ・算数トーク・相談を多用する。 ・気づきがないときは教師が手本を見せる。	・仲間の発言をよく聴いて関連させて話をさせる。 ・発言をつなぐことで気づきの内容が詳しくなることを目指す。 ・（待つ）挙手が80％以下の場合算数トークや相談をさせる（30秒）。

2　めあてをつくる	
○「めあてを考えましょう」 ・めあてをつくる	めあてを考えて発表する。
＊既に学習の輪郭が浮かんでいる。意欲を高めるため児童と一緒に学習のめあてを作るように心がける。	
3　問題1を考える	
○「問題1を解決しましょう」 ・問題1の学習形態を選択する 　（全体、グループ、ペア、個人）	ノート（ワークシート）に考え方・解決方法・結果を書く。
＊全体解決やグループ解決を取り入れ、仲間と考えることで、ぼんやりとした考えが鮮明になったり、間違った考えが修正されたり、よりよい考えに気づいたりすることができる。	
4　問題1の求め方を話し合う ○「考えを発表しましょう」	・スキルを知り、考えたことを交流し、友達の考えのよさや新しい学びに気づく。

〈話し方・聴き方〉

・仲間を意識して話す。　　・話し合う目的を自覚する。

・黒板の前に出て話す。

・指示棒を使って指し示しながら話す。

・黒板上の言葉、数、式、図、表を使い、発表や説明をする。

・発表・説明は、途中まででもいいから発表する。

・聴き手を巻き込んだ説明ができるようにする。

・問いに対しての発言は、一人にとどめないで、複数がする。

・よりよい発言や説明が見られたら、必ず評価したり、他の子どもが復唱したりする。

・発表・説明が途中の場合には、仲間を助けることを強調する。

・聴いて分からなければ質問する。

・複数の考えを比べながら聴く。　　・学習しやすい場所へ動く。

〈つなぎ方〉

・つなぐ目的を知る。　　・つなぐ言葉を使う。

・発言を一人で終わらせない（個人やグループの単なる発表会にしないように
する）。

＊適宜、話し合い場面で聴き方・話し方の指導をする。ボードを利用して話し
合いをする指導については、本書p98参照。

5　問題1の学びからまとめを作る	・問題1の解決を通して、学んだことをノートに整理する。
○「問題1の整理をしましょう」	・今日の学習のまとめを考える。
○「今日の学習をまとめましょう」	
＊まとめを児童に問いかける。	
・児童の考えを最大限生かしながらまとめをつくる。	
6　問題2を考える	・問題1の学びを生かし問題2を解決する。
○「問題2を解決しましょう」	
7　本時の学習を振り返る	・振り返りを考え、交流し、今日の学習を広げる・深める。
○「振り返りましょう」	

＊問題1、2の解決を通して、分かったことや仲間から学んだこと、もっと考
えたいことなどを書き、全体で伝え合うことを通して、今日の学びを深め、
仲間の学びを知ることを通して、学び合うことのよさを実感する。

4 学び合いの授業で子どもが変わる！

　子どもたちの中には「自分が分かればいい」とか「答えが分かればいい」という意識をもっている子どもがいます。

　学び合い授業を進めていくと、次第に子どもたちは、「困っている人を何とかしよう」と考えたり「みんながよりよくなるために○○しませんか」と仲間と一緒に考え行動したりするようになっていきました。

　学び合い授業のよさは、算数がよく分かるだけにとどまらず、子どもの生きる姿勢がよくなることにあると感じています。

笑顔 みんなが分かることがゴール

　算数の学び合い授業では、全員が分かることを大切にして授業を進めます。

　授業の導入時の既習事項の確認では、分からなければ隣の人と相談をします。自信がないときも、隣の人と確認を行います。子どもたち全員が、常に「分かっている」状態で授業を進めていくようにします。グループで話し合うときは、「大丈夫？」「ここまでいい？」と仲間のことを気遣いながら学習を進めていきます。自分が分かっているかどうかと同じように全員が分かっているかどうかを気にかけ、困っている仲間を放っておかないという姿勢が自然に育っていくのです。

喜び 仲間の考えから学びが深まる

　学び合い授業では、グループでの話し合いを積極的に取り入れていきます。一人１本のペンを持ってホワイトボードに書き込みながら話し合い

を進めていきます。「つまり　こういうこと？」と言って仲間の考えを発展させます。一人では考えることができなくても、仲間のつぶやきや考えをヒントにしたら考えることができると授業に臨むことができるのです。

　学級全体でグループの解決方法を見比べながら検討を行うときにも、各グループから出された解決方法を見ながら、お互いの解決方法を理解しようと質問をしたり説明を求めたりします。

　お互いの考えを交流しながら解決に向かう過程は子どもたちにとってとても楽しい学習です。それは、仲間の考えから自分自身の学びが深まっていくことを実感しているからです。さらに「自分は独りぼっちではない」「きっと誰かがいいヒントを出してくれるに違いない」「みんなで話し合えばきっと解決できる」という確信をもっているからです。

自信 授業は自分たちで作る

　学び合い授業では、子どもたちの気づきや考えをもとに授業が進められます。本時の課題について子どもたちが気づきを発表しながら課題の把握をし、問題解決に向かうための見通しへと授業を進めていきます。もちろん、学習のめあても子どもたちの話し合いで設定されていきます。グループでの話し合いを終えた後の解決方法の検討においても、子どもたち自身が分類したり気づきを発表したりしながら進めていきます。授業は、自分自身が問題や解決方法に主体的にかかわることで進められることを子どもたちは実感していきます。

　「授業は自分たちで作る」ことを実感している子どもたちは、算数の授業だけではなく学校生活全てにおいて自分から進んでかかわるようになり、力を発揮していきます。それが一人ひとりの子どもの自己有用感となり、自信をもって歩むことにつながっていきます。

5 学び合いの授業の準備をしよう

　互いを認め合い、楽しく居心地のよい学級を目指して、子どもたち一人ひとりに働きかけていきましょう。温かい人間関係が醸成された学級では、仲間の発言に耳を傾ける雰囲気が生まれ、子どもたちが自分の気づきや考えを自由に話せるようになります。まず学び合いの授業の準備として、基盤となる4つの鉄則（曽川、2020）を子どもに伝えて共有します。

（1）学び合い指導の4つの鉄則

鉄則① 自分から行動することを知る

　分からない自分をそのままにしないこと、自ら進んで考え学ぼうとすること、仲間のために自分ができることを考え、実際に行動することなどを指導します。向上心や仲間や学級に貢献しようとする意識をもたせることが大切です。

鉄則② 間違ってもいい、途中でもいいことを知る

　学び合いの授業では、初めから完璧な答えを求めるのではなく、間違った考えや途中までの考えをみんなで作り上げていきます。途中まででいいと認めることで、子どもの心理的な負担も減りますし、みんなで協力して解決していこうという行動につながります。

鉄則③ ともに（友に、共に）に学ぶことを知る

　ある学級の子どもたちに未完成な部分をどうすると尋ねたら、みんなで続きを考えればいいと答えました。子どもたちは、仲間と一緒に考えることによって自分一人で考える以上のことができると感じていました。「ともに学ぶ」を意識することで、仲間に対する話し方や聴き方も変わってきます。

鉄則④ 勉強の仕方（学び方）を知る

　学び合いの授業での学び方を知ることは大切です。聴き方、話し方など具体的なことを学ぶ、学び方の授業を実施することを伝えます。

（2）子どもが学び合いの授業像をもつための具体的方法

相互授業参観

同じ学校の他学級の授業であれば、教師だけでなく子どもたちも一緒に授業の様子を参観させてもらうことができます。参観後、目指す授業像に迫るための話し合いを学級でもち、目指す授業像を確認します。目指す授業像に向かって学級全員で学び合いの授業を進めていきましょう。

Let's try　相互授業参観
授業を参観すると、授業力の向上につながります。
なるべくたくさんの授業を参観し授業力アップを目指しましょう。
1時間全部参観する必要はありません。
ポイントを決めて少しの時間だけ参観しても効果があります。
参観後は、授業公開してくださった先生に感謝を込めて
感想を伝えるようにしましょう。
直接話す時間がないときは、
付箋等に感想を書いて渡すようにしてもいいですね。

このような取り組みを校内で実施すると授業参観がしやすくなります。

☞Check!

目指す学級が見つかったら、学級経営についても情報収集のチャンス！

授業のコツとともに学級経営のコツも教えてもらいましょう。

自分の授業も公開して助言をもらい、授業力の向上を図りましょう。

授業後、直接子どもたちへ学び方について助言してもらうのも効果的です。

実際に授業を参観することが難しい場合は、授業の映像を学級で見ながら、目指す授業像を共有することもできます。子どもに見せて自分たちの算数の話し合いとの違いを意識させる話し合いをします。

シナリオを用いた聴き方指導

　シナリオ指導は、仲間の話を聴くときにどんな聴き方をすればよいか
を考えさせる聴き方指導です。シナリオ（仮想した授業記録）を使って、
子どもたちがどのように発言をつないでいるか、どのように思考が深ま
っていくかなどについて話し合わせます。そして、自分たちの話し合い
と比べて、できている聴き方、できていない聴き方を明らかにしていき
ます。実際の授業記録を使うこともできますが、教科書にある話し合い
場面のやりとりを使うことから始めるとよいでしょう。

　以下に、啓林館3上(平成26年
度版) にある教材「球の応用問
題の話し合い場面」を引用して
聴き方指導の仕方を紹介します。

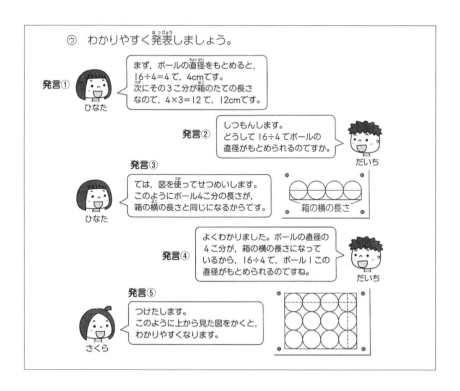

シナリオの解説

このシナリオは、以下のように分析することができます。

> ひなたは、ボールの直径を求めてからボール3個分で箱の縦の長さを求めています（発言①）。
>
> ひなたの説明（発言①）を聴いて、だいちがボールの直径の求め方について質問しました（発言②）。

①なぜ、だいちはひなたに質問したのか。

ひなたの式$16 \div 4 = 4$の意味が分からなかったから。

②なぜ、だいちはひなたに質問できたのか。

だいちがひなたの説明を理解しようと考えながら聴いていたから。

③だいちのよかったところはどこか。

分からないままにしないで質問している。

④だいちからの質問がでたけれど、どうしたらいいか。

質問に回答しなければならない。

> ひなたが図をかいて説明します（発言③）。

⑤なぜ、ひなたは図をかいたのか。

図を使って説明すると分かりやすいから。

> このひなたの説明を聴いただいちが反応（発言④）します。説明を聴いて分かったことを相手に伝え、自分の言葉でボール1個の直径の求め方を話しています。

⑥だいちのよいところはどこか。

説明を聴いて分かったことを自分の言葉で言っていること。

> さくらが付け足し（発言⑤）をします。

⑦さくらのよいところどこか。

ひなたとは違う図で説明し、より分かりやすくなったところ（別の方法の提案）。

話し合いの中で新しく考えたことを、クラスの仲間に伝えたこと。

実際の指導の仕方

手順1　問題を解く（または、事前に解いておく）。

手順2　子どもが個人で教科書の子どもの吹き出しを順に読み、どんな話し合いがなされているかを理解する。

手順3　ひなたとだいちの発言のつながり方を考えさせるために、「なぜ、だいちはひなたに質問したのだろうか？」と問い、近くの子と相談させます。これは算数トークの練習になります。その後、発表させるとき、一人の子どもの発言で終わらせずに、「つなげましょう」と指示すればつなぐ練習になります。そして、教師から説明を聴いて分からないときは、質問して分かろうとすることが大切であることを指導します。

手順4　だいちの質問に対して、「ひなたの説明のよいところはどこですか？」と問い、再び相談させてから子どもに話させます。「説明が分かりづらかったから、式の意味を理解できなかった」「説明を分かりやすくするために図を使うとよい」など子どもの発言をもとに分かりやすい話し方の指導をします。

手順5　だいちの発言のよいところを見つけさせて、話し合わせます。だいちの反応のよさと自分の言葉で分かったことを話していることが大切なことであると指導します。

手順6　さくらの発言のよいところを話し合わせます。友達の説明を聴きながら分かりやすい説明を考えて、思いついたことをクラスに伝えることの価値を指導します。

手順7　発言のつながり方から分かったことを整理し、板書します。

　　　・聴いて分からなければ質問する。

　　　・図などを使って分かりやすい説明を心がける。

　　　・説明を聴いて分かれば、分かったことを伝え、自分の言葉で言う。

　　　・よりよい考えがあれば付け足す。

手順8　学習を振り返り、学級や個人の学び合いのめあてを立てます。

2章

20日間でできる
「学び合いスキル30」
の指導

1 「学び合いスキル」30の指導プログラム

（1）「学び合いスキル30」の指導プログラム

　「学び合いスキル30」を20日間で指導するために、授業展開場面に対応させて、30のスキルを分類し、2日間単位の指導プログラムを作成しました。30のスキルを子どもの習得のしやすさを目安に初級（☆）、中級（☆☆）、上級（☆☆☆）に分けています。

日	場面		学び合いのスキル　☆初級　☆☆中級　☆☆☆上級
1日目	問題把握	1	自主的に前時の学習を振り返り、近くの子と交流し、確認する　☆
	気づきの交流	2	情報（絵・図・式・問題など）が提示されたら、自主的に内容を理解して、「気づき」を見つけようとする　☆
		3	見つけた「気づき」について近くの子どもと交流したり、クラスに伝えたりする　☆
3日目	学習のめあて	4	問いに対するクラスの挙手状況を子ども自身で判断し、相談を要求したり、近くの子どもと算数トークをしたりする　☆
		5	学習のめあてを自主的に考えて提案しようとする　☆
	解決の見通し	6	解決方法の見通しや結果の見通しについて、自主的に考えたり、近くの子どもと交流したりする　☆☆
5日目	問題の解き方を考える	7	問題に取り組んで困ったとき、仲間に助けを求めて相談する　☆
		8	グループで問題に取り組むとき、仲間と協力して話し合いながら解決を試みる　☆☆
		9	グループ学習や話し合い場面で、自主的に学習しやすい場所へ移動する　☆

7日目	考えを話す1	10	黒板の前に出て、黒板上の言葉・式・図・表などを指し示しながら発表や説明をする ☆
		11	考えが途中まででも発表や説明をする ☆☆
		12	聴き手の理解状況を確認しながら、分かりやすい発表や説明をする ☆☆☆
9日目	考えを話す2	13	聴き手を巻き込んで、問いかけながら発表や説明をする ☆☆
		14	黒板を使って、図・式・言葉をかきながら考えを発表したり説明したりする ☆☆☆
		15	仲間の考えにつないだり、仲間の考えをもとに自分の考えを話したりするとき、仲間の名前を出して話す ☆
11日目	考えを聴く1	16	仲間の発表や説明を考えながら聴く ☆
		17	仲間の考えを聴いた後に、考えを確かめたり、広げたりするために自主的に算数トークをする ☆
13日目	考えを聴く2	18	仲間の発表や説明を聴いて、クラスに自分の言葉で話す ☆
		19	仲間の発言を聴いて、自主的に助言したり、修正したりする ☆☆☆
		20	仲間の発表や説明が途中の場合には、続きを話したり、補足したり、言いたいことを自分の言葉で話したりする ☆☆☆
15日目	考えの交流1	21	黒板に出された解法を見て、自主的にどんな考えか、分からないところはないかなどを考え、質問したり説明を要求したりする ☆☆
		22	仲間の発表や説明を聴いて、分からないことを伝えたり、質問したりする ☆
		23	考えを発表するとき、解決に役立った考え方や間違えそうになったことを話す ☆☆☆

17日目	考えの交流2	24	仲間の発言につなげて話す（異なる意見表明、理由の付け足し、例を挙げる、詳しくする、まとめる、繰り返す）　☆☆
		25	仲間の発表や説明を聴いて、共通点や相違点、関連性を伝える　☆☆☆
		26	考えを評価したり、よりよくしたり、とらえ直したりする　☆☆☆
		27	問題を解決した後、自主的にグループの仲間と解き方や答えを見せ合い、確かめる　☆
19日目	まとめ適用題振り返り	28	自分でまとめを考え、相互に交流し、よりよいまとめを考えようとする　☆☆
		29	振り返りでは、分かったこと、仲間から学んだこと、もっと考えたいこと、仲間とのかかわり方などを書いている　☆
		30	仲間と振り返りを交流し、仲間の振り返りのよいところを見つけて知らせる　☆☆

（2）なぜ「学び合いスキル30」の指導が必要なのか？

　子どもの良好な関係は学習を通して築かれます。「学び合いスキル30」は、円滑に学び合うスキルと思考を深め合うスキルを授業展開に沿い配列して、学習のめあてと学び合いスキル（児童の姿）を連動させて指導することができます。円滑に学び合うためのスキルは、①スキルを知る、②見本（できた姿）を知る、③リハーサル（まず1回してみる）、④繰り返すの流れで指導すればどの子も身に付きます。思考を深め合うスキルは、学習内容や自分たちの学び方をその都度振り返り、徐々によりよい表現や考えをつくり上げるためのスキルです。

（1）「問題把握」の場面（1〜2日目）

```
1   自主的に前時の学習を振り返り、近くの子と交流し、
    確認する

2   情報が提示されたら、自主的に内容を理解して、「気
    づき」を見つけようとする

3   見つけた「気づき」について近くの子どもと交流し
    たり、クラスに伝えたりする
```

●こんな授業風景、見かけませんか？

　算数の授業の導入場面で、教師が問題文を黒板に提示した後に、教師が、「分かっていることは何ですか？」と問い、子どもがこの問いに応答し、次に教師が「求めることは何ですか？」と問い、子どもが挙手して答えるやりとりが見受けられます。問題把握のための問いであったとしても、教師がこのような問いを与え続けていれば、受動的な態度を形成してしまいます。学び合いスキルを指導することで、能動的な問題把握（石田・神田、2016）ができるようになります。

石田淳一・神田恵子（2016）『「学び合い」の算数授業アクティブ・ラーニング』明治図書

1 自主的に前時の学習を振り返り、近くの子と交流し、確認する

　授業開始のあいさつの後、教師に「昨日は何を学習しましたか」と言われると、数人の子どもが挙手して、前時のノートを見ながら発表するというような光景を見ることがあります。

　他方、学び合いのあるクラスでは、授業開始のあいさつが済むと、とたんに「振り返りを言います」と元気よく子どもが挙手し始めます。教師がしばらく待っていると、近くの子と前時の学習内容を確認し合いながら、ほとんどの子が挙手します。

　さらに、グループで自発的に前時の振り返りをしながら授業開始を待っています。前時の学習内容について、

　・ノートを見て、確認し合う。

　・グループの仲間に問いかけて、理解しているかどうか確認する。

などの主体的に学ぼうとする姿が当たり前に見られます。学び合いは授業前から始まっているのです。実際、子どもたちは1分前には着席しているので、雑談して授業開始を待つのではなく、「自分たちで前時の学習を振り返ることを自主的にしてよい」ということを教えれば、子どもはすぐにできるようになります。

　その後、授業開始のチャイムが鳴り、ともに学ぶ友達に対して礼をするとすぐ、前時の学習内容の確認がクラス全体で始まります。

2 情報（絵・図・式・問題など）が提示されたら、自主的に内容を理解して、「気づき」を見つけようとする

　情報が黒板に提示されたら、教師の指示がなくても自らどんな場面（状況）なのか、どんな条件（情報）が与えられ、どんな問いができるかを考えながら情報を読んで考えることが大切なことを指導します。

　情報の内容が理解できたら、以下のような本時の問題解決に関連する「気づき」を考えることが大切なことを教えます。

　・前時の問題や既習問題との違いはどこか。

　・問題を解くために必要な条件が与えられているか。

　・条件が不足している場合はどんな条件が必要であるか

　・問いが隠されている場合はどんな問いになるのか

　・問題を図や表などに表して考えられないか。

　・答えの見当をつけられないか。

　例えば、30秒というわずかな時間でも、子どもが一人で「どんな気づきが見つかるかな？」と考えることができるようにします。

図を見て、考えた問題を気づきとして伝える　（小6　分数のわり算）

　分数÷分数の文章題を提示する代わりに、教師が黒板にテープ図を書くだけで、どんな問題ができそうかな？と子どもは考え、「$\frac{2}{3}$mの重さが$\frac{3}{5}$kgの鉄のパイプがあります。1mの重さは何kgですか。」という問題を作ることができます。

3 見つけた「気づき」について近くの 子どもと交流したり、クラスに伝え たりする

　授業の導入場面で、提示した情報から気づきを見つける活動は、とて も大切です。また、「気づき」を共有させることも忘れてはいけません。

　そこで、自分が見つけた「気づき」を、近くの仲間やグループの仲間 と伝え合い、それをクラス全体に伝えることで、クラス全体の「気づき」 が広がったり深まったりすることが大切であることを教えます。

　高まった児童の姿を6年「比の応用」を例に紹介します。

グループ内の気づきの交流　（小6　比の応用）

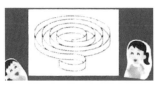

　　　　　　　　　　　　左のリボンの挿絵が提示された後のグルー プ内で気づきの交流をしているときのやり取 りです。

C1　例えば、あのリボンの長さが10mだとするじゃん。そのとき比が 　　2対3だったときに、それぞれ何メートルになるかでしょ。じゃ 　　あ何が分かればいい？

C2　全体の長さ。

C3・C4　全体の長さと比を教えてもらえばいいんじゃない。

C1　テープを2つに分けるときの比ってことだ。それが分かればいい 　　んだ。

「リボンを2人で分ける」と推測して、「全体の長さ と比」が分かれば解決できると話し合っています。 対話は数学的な見方や考え方を育てます

（2）めあてをつくり、見通しをもつ場面（3〜4日目）

> 4　問いに対するクラス全体の挙手状況を子ども自身で判断し、相談を要求したり、近くの子どもと算数トークをしたりする
>
> 5　学習のめあてを自主的に考えて提案しようとする
>
> 6　解決方法の見通しや結果の見通しについて、自主的に考えたり、近くの子どもと交流したりする

●こんな授業風景、見かけませんか？

　教師の設定した学習のめあてをノートに書いた後、子どもは何もせずに教師の次の指示を静かにじっと待っています。めあては子どもが教師とともにつくるとよいです。提示された情報に関する「気づき」から子どもが問いをもてば、その問いがめあてにつながります。「気づき」の伝え合いは問いを形成するためにも大切な主体的・対話的な活動です。

　めあてが設定され、ノートにめあてを写した後、教師から「見通しを考えましょう」という指示が出るまで何もしないで待っている子どもも見受けられます。もし、子どもが自ら問いをもてば自主的に自分で解き方の見通しを考え始めるのが普通です。

　いずれのケースも、算数授業は自分たちで進めてもよいということを知らないことに起因しています。

4 問いに対するクラスの挙手状況を子ども自身で判断し、相談を要求したり、近くの子どもと算数トークをしたりする

　教師から問いが出されたときに、すぐ反応して挙手した子どもを教師が指名して答えさせる場面が見られます。しかし、問いを理解し、考え、挙手し答えることは必ずしも同じタイミングでできません。分からない子どももいます。また答えに自信のない子どももいます。「自分は分かっているけど、仲間はどうかな」と仲間を気遣ってまわりを見ながら挙手したり、さらには近くの子どもと確認し合ったり相談したりするなど算数トークをして、自分たちで全員挙手（理解）を目指すよう行動することを指導していきます。

まわりの子を見て。
みんなの手が挙がるように相談していいんだよ

相談しませんか

手を挙げている
人が少ないな

仲間を気遣い、相談を呼びかける　（小1　なんばんめ）

　教師が8人がバス停に並んでいる挿絵（けんさんは前から5番目にいる）を貼りました。何人かの子どもが「気づきを言います」と挙手しましたが、まだ多くの子は挙手できません。そのとき、挙手している子どもが「相談しませんか？」とクラスに相談を呼びかけ、教師が30秒相談させました。クラスの仲間を気遣うことを指導すれば、1年生でも相談を呼びかけることができるようになります。相談後は挙手する子どもが増え、活発な気づきの伝え合いができました。

5 学習のめあてを自主的に考えて 提案しようとする

　学習のめあてを子どもとともに作ることができます。教師の指示がなくても子ども自ら考えたり、考えためあてをグループ内で交流したり、クラスに伝えたりして自分たちで本時のめあてを作ってよいことを教えます。

　めあてをクラス全体に提案するとき、子どもは、教師がもっている本時のねらいを推測するような「今日のめあては……だと思います」という発言をします。子どもが主体的に学ぶ学び合いの授業では、「今日は……しませんか」とクラスに提案するとよいことを指導します。

　めあてを授業展開のどの場面で設定するかは決まっているわけではありません。子どもに自然に問いが生まれるような場面でのめあての設定と共有が大切です。そのためには、問題提示の仕方や授業展開の工夫など、教師の仕掛けが重要になります。

今日はみんなで〇〇を考えたいな

今日のめあては、〇〇にしませんか？

6 解決方法や結果の見通しについて、自主的に考えたり、近くの子どもと交流したりする

　問題を解決するときに、問題の答えを見当づけること（結果の見通し）と解決方法の見通し（方法の見通し）をもつことは大事です。問題把握ができた段階で、教師の指示がなくても自主的にこのような見通しを子ども自身で考えることを指導します。

　例えば、めあてをノートに書いた後、子どもは何をしていますか。教師の指示があるまで静かに待っていないでしょうか。

　めあてが書き終わったら、教師の指示がなくても問題解決のための見通しを自主的に考えるように指導しましょう。指示がなくても、まわりの仲間と自然に相談してよいことも指導していきます。

めあてが書き終わったら、自分たちで授業を進めていいですよ。何をすればいいのかな？

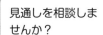

見通しを相談しませんか？

どんな方法でできそうかな？

　教師が子どもと授業の進め方を共通理解して、教師と一緒に自分たちで授業を進めていってよいことを子どもが知ることが必要です。授業を展開するとき、子どもが運営できるところでは、今している活動の次に何をしたらいいのかということを子ども自身で考えられるように指導すれば、子どもが自ら動くようになります。

（3）問題を解決する場面（5〜6日目）

7　問題に取り組んで困ったとき、仲間に助けを求めて相談する

8　グループで問題に取り組むとき、仲間と協力して話し合いながら解決を試みる

9　グループ学習や話し合い場面で、自主的に学習しやすい場所へ移動する

●こんな授業風景、見かけませんか？

　自力解決の時間、解決方法の分からない子どもは何もせずにじっと時間が過ぎるのを待っています。自分が分からないことを仲間に知られないように、分かったふりをして鉛筆を動かしているかもしれません。

　グループ学習の話し合いとは名ばかりで、子どもがそれぞれの考えを発表し、比較検討の話し合いのないままに誰かの考えをグループの考えとしてしまっています。このグループの考えを、グループの子どもたち全員は理解しているのでしょうか。

7 問題に取り組んで困ったとき、仲間に助けを求めて相談する

　解決に取り組んでいるとき、考えても分からなければ、「分からないから教えて」と仲間に助けを求めて（援助要請）、仲間と相談し、仲間に教えてもらう（援助提供）ことは大切な行動です（秋田、2014）。分からないことは恥ずかしいことではない、分からないまま自分を放っておいてはいけないことを教えることが大切です。

　これらが自然に行えるようにしたいものです。一方的に分かる子どもが分からない子どもに「教えてあげる」ことではありません。そのためには、分からない自分を放っておかないことを指導すると同時に、分からない仲間を放っておかないことを指導していきます。さらに教えてもらったら仲間に自分の言葉で話してみることが大事です。

グループで問題に取り組むとき、仲間と協力して話し合いながら解決を試みる

　子どもたちに確かな学力をつけるためには、グループ学習での協同的問題解決はとても重要です。グループ活動を効果的に行うために、子どもにグループ学習の約束を指導します。また、グループのメンバーを、一緒に考える仲間としてやさしく気遣うことも併せて指導していきます。

★グループ活動の約束
①メンバー全員で考えを出し合う

　解決に向けてどんな見通しをもっているのか、分かっているのか分からないのか、メンバー全員の考えを把握することがグループ活動のスタートになります。それぞれの見通しをもとに、仲間と見通しを交流しながら、解決のためのプランを話し合います。このとき、分からないことも含め、自由に考えを話してよいことを教えます。

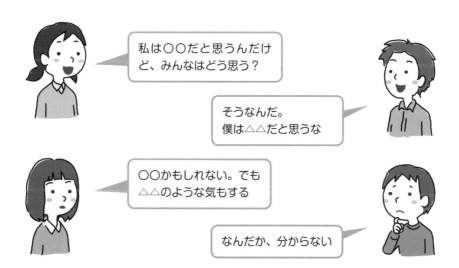

②分からないことを聴く

　分からないことがあればどんどん質問したり教えてもらったり、もう一度聴きたければ「もう一度言って」と再度説明してもらったりしていいことを教えます。

> そういうことか

③よりよい考えを見つける

　グループのメンバーのそれぞれの考えをもとに、仲間の考えと比べて話したり、考えをまとめたり、間違っていれば修正したり、よりよい考えを見つけたりしていくことが大切なことを教えます。

> だとしたら、○○と□□の考えをまとめて、△△と考えることができるんじゃない？

④メンバー全員が納得して説明できるようにする

　よりよい考えがまとまったら、全員がそれを説明できるようにします。ここで、全員が理解して納得して説明できることが学力の定着につながります。教えてもらって分かった子どもは、自分の言葉で繰り返し、仲間に聞いてもらうなどして、自分の理解したことが正しいかどうかを確かめるようにさせます。聴いている仲間は、正しいかどうか、しっかり説明できるかどうか確認したり、手助けしたりしながら仲間の説明を聴くようにさせます。

> 分かった！
> 説明してみるから、聴いて！

★グループ学習の進め方

　グループ学習の約束に加えて、グループ学習の進め方（石田・神田、2015）を子どもに教えます。次のような掲示物や印刷したカードを用意しておくとよいでしょう。

グループ学習の進め方

・机を合わせ、顔を見て話し合おう。
・誰かが口火を切ろう。
・メンバー全員を意識して話し合おう。
・仲間の様子を気にかけよう。
・異なる意見を話題にしてよりよい考えについて話し合おう。
・自分たちの意見をまとめよう。
・学び合いを振り返ろう。

　グループ学習後は全員挙手して話し合いに参加することを指導します。これもグループ学習の進め方を指導するときに子どもに伝えます。

★グループ学習後の挙手・発表

①全員が挙手する

　グループ学習では、メンバー全員がグループの考えを理解し、説明できるようにする。したがって、グループ発表場面では、全員が挙手できる。

②全員が発表する

　黒板の前での発表では、全員が前に出て、役割分担しながらリレー説明をする。ただし、リレー説明は、学び合いの授業の初期段階での取り組みです。いつまでもリレー説明をする必要はありません。

石田淳一・神田恵子（2015）『グループ学習を取り入れた算数授業』明治図書

2章
20日間でできる「学び合いスキル30」の指導

47

9 グループ学習や話し合い場面で、自主的に学習しやすい場所へ移動する

　グループ学習を行う場合、4人を基本としてグループを作ります。グループ学習をするときは、2人ずつが机を向け合う「田の字」の形にします。しかし、グループ活動でホワイトボードを使って学習したり、分からない人に説明したりするときはどうでしょう。正面からの方がいいでしょうか、隣り合った方がいいでしょうか。

　また、全体の話し合いの場面はどうでしょう。多くのホワイトボードが黒板に貼られています。教室の一番後ろからホワイトボードは見えるでしょうか。もしそのまま後方の席に座り続けているとしたら、見えなくても（分からなくても）構わないと思っているのかもしれません。

　学び合いの学習では、学び合いをしながら学級の仲間みんなが理解することが大切であることを指導します。自分も含めた学級全員が分かることを目指して、仲間に分かりやすく説明するためや自分が説明を聞くため（分かるため）に場所を移動することができるようにします。学びに適した位置を自分で判断し、自主的に移動できることが大切です。

ボードの見やすい位置へ動く

黒板の前に集まって他班の考えを見合う

（4）　考えの発表1の場面（7～8日目）

> 10　黒板の前に出て、黒板上の言葉・式・図・表などを
> 　　指し示しながら発表や説明をする
>
> 11　考えが途中までででも考えを発表する
>
> 12　聴き手の理解状況を確認しながら、分かりやすい発
> 　　表や説明をする

●こんな授業風景、見かけませんか？

　話し合いの場面で、指名された子どもが自分の席で黒板を見ながら発言しています。聴いている子どもは、発言している子どもの顔を見ているため黒板を見ることはできません。話す子どもは黒板を見ながら説明したり自分の考えを話したりしていますが、聴いている子どもは視覚情報がないままに聴いて理解しなければならないのです。

　また、発表場面で、説明に自信がある数人の子どもだけが挙手し、指名されて話しています。これが繰り返されると、子どもたちは、完全に説明ができる子ども、説明に自信のある話したい子どもだけが話し、そうでない子どもはじっとおとなしく聴いていればいいと考えるようになります。このような場合、多くの子どもは、うまく説明できる自信がなければ話さなくてよいと考えてしまいます。

10 黒板の前に出て、黒板上の言葉・式・図・表などを指し示しながら発表や説明をする

　どのように説明すれば分かりやすい説明になるのでしょうか。算数の授業では、黒板に書かれている言葉・式・図・表などを使いながら説明を聴いたり話したりする方が、聴き手は話し手の考えを理解しやすいはずです。

　自分の考えを仲間に伝えるときに、原則、黒板の前に出て話をするようにさせます。図や式、言葉などを指し棒で指し示しながら、仲間が自分の話していることを理解しているかどうか確認しながら話すことが基本です。

黒板の前で仲間に向かって話す

　もちろん、黒板に書かれている情報を使わなくても仲間が理解できる説明ができると判断できれば、自分の席で発言することもあります。

黒板の前に出て、指し棒を使ったら伝えやすい

どこに立ったら、みんなが見やすいかな

　大切なのは、自分の考えを伝え、仲間に理解してもらいたいという強い思いをもつことと、どうしたら仲間にうまく伝わるかを考えて判断し行動することを指導していくことです。

11 考えが途中まででも発表や説明をする

　完全でなくても途中でもいいから、自分の考えたことを話すことは価値のあることだということを指導します。その話を聴いた仲間がつなげて分かりやすくしたり、詳しくしたりしてくれます。その途中までの発言が、別の子どもの新しい考えを生み出すきっかけになることもあります。また、間違った考えでもそれを仲間と修正する過程で、正しい考え方を確認する機会にもなります。

　教師も、子どもの完全ではない発言、途中までの発言や明らかに誤りのある発言も生かすことができるという認識が必要です。

途中まででも、友達がつないでくれますよ。
どんな発言でも、必ずみんなのためになります

……だから、……うーん。分からない。つなげてください

分かった！○○さんが
言いたかったのは、〜
だと思います

○○さんは何が言
いたいのかな？

挿絵（p38参照）を見てどんな問題ができそうかを伝え合う場面です。

C6：比の問題が作れると思います。ここからつなげてください。

T：つなげられる？

C7：女の子たちは姉妹だと思うので、姉妹で何m、何mで分けると思う。他にはありませんか。

C8：まず、この絵にかいてあるリボンの全体の長さを決めたいです。

T：いいこと言ったよ。つなげて。

C9：全体の長さを姉妹で、分けるときの比を知りたいです。

　　子ども自身で問いやその問いに答えるための条件を見つけています。

　　C6は「比の問題が作れる」と話しましたが、それ以上は分からないので、仲間に「つなげてください」とバトンを渡しています。これは、途中まででも言えることを話せるとともに、つないでくれる仲間を信頼しているからです。

　　C6の援助要請を受けて、C7が姉妹で分ける問題であることを付け足しました。さらにC7が「他にありませんか？」と自分で仲間に呼びかけています。これは自分たちで気づきの伝え合いを運営している姿です。教師が「他には？」と言う必要はないのです。

　　最後に、C8がC7につなげて、リボン全体の長さが必要であることを指摘しました。この後、教師がこの問題の問いとその解決に必要な条件を確認して問題を提示しました。

12 聴き手の理解状況を確認しながら、分かりやすい発表や説明をする

　子どもたちには、自分の考えを仲間が分かるように伝えたいという気持ちで話すことが大切であることを指導します。

　そのために、途中で「ここまでいいですか？」と相手の理解状況を確認しながら話すことが大切です。なぜなら、自分の説明を聴いている仲間がそれをもとに考えられるからです。

　また、考えを話すとき、「まず」「次に」「最後に」と順序を意識した説明や「例えば」と自分で例を挙げての説明も聴き手が理解しやすくなります。自分の説明や考えを仲間が聴いて理解すれば、自分の説明を仲間がよりよくしたり、よりよい考えに気づいたりするきっかけになることを教えます。これらを心がけることで、だんだん説明が上手になります。

順序立てて話すと、聴いていて分かりやすいな

みんなに確認しながら話そう。
「〜ですよね」「ここまでは分かりますか」

長い文で話すより、短い文で話した方が分かりやすいだろうな。短く切って説明しよう

聴き手の理解を確認しながら発表する　（小6　比の応用）

　リボン2.5mを姉妹で３：２に分ける問題です。
　全体の話し合い場面で、線分図全体を割合５として、１めもり分の長さを求めてから、姉妹のそれぞれの長さを求めた５班Ｃ１の発表です。

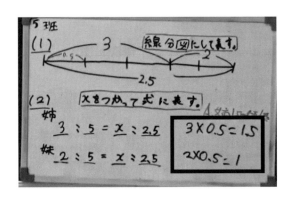

C1　6班は５班と違って、１個ずつめもりが書いていないけど、
　　　5班はめもりをつけました。ここまでいい？
　　　1つ分が知りたいので、３＋２で全体（の割合）を求め、2.5÷5で0.5
　　　が求められます。ここまでいい？
　　　だから全体の2.5mの５個分の１つが0.5mになった。だから、３×0.5
　　　したら姉の割合が３だから0.5の３つ分が姉の長さということが分かる。
C2　3に0.5をかけたら、……0.5×３にしたら？
C3　質問がある。３に0.5をかけても線分図に合わない。0.5を３倍すると
　　　0.5の３つ分になる。

　５班Ｃ１の説明では、説明の途中で「ここまでいい？」と仲間に理解状況を
確認しています。このことが、仲間の助言（他班Ｃ２）のきっかけになってい
ます。つまり、聞き手（他班）は、話し手（５班）の説明を確認しながら聞く
ことができるので、５班のボードの式が図と合わないことにすぐに気づき、他
班Ｃ２の修正意見を引き出していると言えます。

（5）考えの発表2の場面（9〜10日目）

13　聴き手を巻き込んで、問いかけながら発表や説明を
　　する

14　黒板を使って、図・式・言葉をかきながら考えを発
　　表したり、説明したりする

15　仲間の考えにつなげたり、仲間の考えをもとに自分
　　の考えを話したりするとき、仲間の名前を出して話す

●こんな授業風景、見かけませんか？

　話し合いの場面と言っても、黒板に出されている解法の式を読み上げ
るだけの説明になってませんか。黒板にはまだスペースがあります。そ
こは子どもの判断で、分かりやすい説明をするために使ってもいいはず
です。

　相手が自分の考えを理解しているかを確かめるためには、問いかけな
がら話ができると効果的です。しかし、子どもは、問いかけることがで
きるのは教師だけだと思い込んでいませんか。子どもどうしの学び合い
ができるクラスでは、子どもどうしどう語りかければ相手が納得したり、
理解しやすくなったりするかを考えて話したり説明したりできます。

13 聴き手を巻き込んで、問いかけながら発表や説明をする

　話し手がいくら分かりやすく説明しても、聴き手が聴いてくれなくては意味がありません。そのために、聴き手を巻き込んだ説明の仕方を指導します。聴き手がただ聴くだけにならないように、聴き手に「〜は、いくつですか」などと問いかけながら話せるようにします。

　一方、聴き手には、説明をしている仲間からの問いや確認に反応しながら話を聴くことを指導する必要があります。

問いかけながら考えを話す　　（小6　ピラミッドの問題）

―正三角形３段のピラミッドを提示―
（気づきの伝え合い場面）

C1　1段目は何枚ですか？

　C　1枚。

C1　2段目は全部で何枚？

　C　3枚。

C1　1段目から2段目まで、2枚
　　増えています。3段目は何枚
　　ですか？

　C　5枚です。

C1　3段目も2段目の3にたす2
　　です。

　C　あー。

　C1さんは段数が1増えると全部の三角形の枚数が2増えるきまりに気づいて伝えています。仲間に問いかけながら話すことで、このきまりについてのクラス全体の理解が広がりました。

---

14 黒板を使って、図・式・言葉をかきながら考えを発表したり説明したりする

　黒板にかかれた図や表、式を指し示しながら説明することに加え、自ら黒板を使って、言葉や図や式をかきながら説明できる子どもを育てていきます。自分の考えを仲間に理解してほしい、それを分かりやすく伝えたいという強い思いをもつことが大切だということを指導していけば、自然に黒板を使ってかきながら説明することが当たり前になります。

仲間に分かりやすく説明するために、黒板は自由に使ってかまいません

黒板にかきながら説明する　（小6　順列・組み合わせ）

> 問題：1から5までの数字カードから、3枚選び3けたの数を作ります。
> 　　　全部で何通りできますか。

　並べ方と組み合わせのどちらの問題か話し合っている場面です。
C1　3枚選んで3桁を作るってことは整数を作ることだと思う。並べ方が関係してくると思うので、並べ方と思う。
C2　この問題は、並べ方で、その理由は1、2、3が、組み合わせだったら3、2、1だと同じことになるけど、この場合は1、2、3でも3、2、1が違うことになるから。
C3　（黒板に1、2、3を書く）この3つの数を選んで、これの順番を変えて、（3、2、1と板書）こうしたら違う整数になりますね。けれど、組み合わせの問題になると同じになってしまうので、順番の問題だと思う。
　C3が、2つの3桁の整数（123、321）を黒板に書くことでC1やC2の考えを分かりやすく説明できています。

---

15 仲間の考えにつなげたり、仲間の考えをもとに自分の考えを話したりするとき、仲間の名前を出して話す

　学び合いのある教室では子どもどうしが聴き合う関係を作っています。自分の発言を聴いてくれる仲間がいる、自分の発言をもとに詳しくつなげたり、分かりやすく言い換えたりしてくれる仲間がいる、たとえ途中で言えなくなっても自分の考えを推測してくれて続きを言ってくれる仲間がいると感じることができるクラスには、安心感や居場所感があります。

　学び合いではつなぐことがカギとなりますが、誰の発言につなげているかをつなぐ発言者は「○○さんにつなげて詳しく言います」や「○○さんは……と言っていましたね。……」のように誰の考えをもとにして発言するかという著者性（秋田、2014）を大事にしています。これは「つなぐ仲間の名前を言って話しましょう」と指導すればできるようになります。

友達の名前を言ってからつなげましょう

○○さんは……と言ったけど、それを詳しく言います

○○さんの考えをヒントにして……と考えました

秋田喜代美（編集）（2014）『対話が生まれる教室』教育開発研究所

（6）考えを聴く1の場面（11〜12日目）

> 16　仲間の発表や説明を考えながら聴く
>
> 17　仲間の考えを聴いたときに、考えを確かめたり、広げたりするために自主的に算数トークをする

●こんな授業風景、見かけませんか？

　話し合いの場面で、子どもの発表や説明を聴いた後、「どうですか？」ときかれた子どもが即座に「いいです」と答える姿が見られます。仲間の話を聴くことは自分が考える機会になります。何か考えることがあれば、単に「いいです」とオウム返しに反応することはなくなるでしょう。

　そもそも子どもは、仲間の話を考えながら聴くことを知らないのではないでしょうか。子どもに聴き方を計画的に指導するようにすれば、子どもの聴く力が高まり、様々な反応を返すようになります。聴き方の指導は教科を超えて大切な指導です。主体的・対話的な学びのための前提条件になるからです。

16　仲間の発表や説明を考えながら聴く

　仲間の説明の聴く場面では、考えながら聴くことを指導します。

★５つの聴き方

①正しいかどうかを考えながら聴く。

②何を言いたいのかを考えながら聴く。

③よりよくできないかを考えながら聴く。

④関連付けられないかを考えながら聴く。

⑤新しい考えが生まれないか考えながら聴く。

　この５つの聴き方（石田・神田、2014）は、黒板に出された解法を読み解く場面でも活用できます。仲間の発表や説明を聴きながら考えることは、その後の話し合いの場面で、よりよい説明やよりよい考えを生み出します。

★聴き方の指導の仕方（話し合い場面）

①子どもの発言後、「Aさんは今何て言ったのかな？」と聞き返す。

　挙手が少ない場合は、「もう一度Aさんに話してもらうのでしっかり聴きましょう」と言う。

②子どもの発言後、「Aさんにつなげましょう」とつなげさせる。

　・挙手が少ない場合は、「近くの人と相談して、つなぎましょう」と言う。

　・子どもの発言がつながったら、止めて、「どのようにつないだか」をグループ相談させ考えさせる。そして、子どもがいろいろ発表した後、教師がつなぎ方のよさを説明する。

　考えながら話を聴くときには、その内容に対し、反応することが大切なことを指導します。反応するために真剣に話を聴くようにもなりますし、反応することで、発表した仲間を支えることにもつながっていきます。

石田淳一・神田恵子（2014）『学び合いの質を高める算数授業』明治図書

17 仲間の考えを聴いたときに、考えを確かめたり、広げたりするために自主的に算数トークをする

　学び合いのクラスでは、仲間の発言が終わるとすぐにグループ内でその発言内容を確認しています。

　クラス全体の話し合いでは、全員が同じように理解できるかどうか分かりません。仲間の話を聞いたら、どんなことを言いたいのかを短時間グループ内で算数トークをすることで確認するとよいことを教えます。こうすれば教師が指示しなくてもわずか数秒ですがそれぞれのグループで確認し合う算数トークが自然に行われるようになります。

　不安があれば近くの仲間と確認のための算数トークができるようにしましょう。普段から自発的な算数トークができるようにしておくことが大切です。また、自分は理解したけれど、仲間が不安そうであれば仲間を気遣い、算数トークを始められることも大切なことです。互いに援助要請や援助提供ができるように指導します。

　相談を指示することはありますが、教師から相談しなさいとか確認しなさいという指示がなければ動かない子どもは主体的・対話的な学びの姿とは言えません。

仲間の発言の意味を確認し合う算数トーク

（7）考えを聴く２の場面（13〜14日目）

18　仲間の発表や説明を聴いて、クラスに自分の言葉で話す

19　仲間の発言を聴いて、自主的に助言したり、修正したりする

20　仲間の発表や説明が途中の場合には、続きを話したり、補足したり、言いたいことを自分の言葉で話したりする

●こんな授業風景、見かけませんか？

　子どもがうまく思いを伝えられず、発表・説明が途中になってしまった場合に、すぐに教師が続きを説明したり、補足説明したりしてしまうことがあります。説明がうまくできた場合でも、再度同じことを繰り返し説明してしまう教師もいます。

　最後に教師が分かりやすく説明してくれるなら、子どもたちは仲間の発表や説明を聴く必要がなくなります。このような教師の補足説明は、子どもの発言をクラス全員が共感的に聴いて考える機会を奪っていると言わざるを得ません。

18 仲間の発表や説明を聴いて、クラスに自分の言葉で話す

　話し合い場面に限りませんが、一人の子どもが発表・説明をすればクラスの子ども全員がその考えを理解できるわけではありません。仲間の考えを聴き、聴いた子どもの一人がもう一度自分の言葉で話して伝えると、クラス全員が仲間の考えを再度共有できる機会になります。

　このスキルを育てるには、教師が「今の考えをもう一度説明して」という指示を出し、近くの仲間と説明内容を確認する算数トークをさせてから説明させるようにします。すると、分からない子は近くの仲間に教えてもらいながら発言した子どもの考えを理解できるようになりますし、分かっている子は分かりやすく説明する機会を得ることになります。結果として多くの子どもが説明する機会を得て、仲間の考えを理解することにつながっていきます。

　発言を一人で終わらせずに繰り返すことの大切さを子どもが知っていれば、仲間の話を聴いた後、その話を聴いて分からない子がいることに気づけば、自主的に、分かりやすく言い換えて説明するために、「自分の言葉で言います」と発言するようになります。

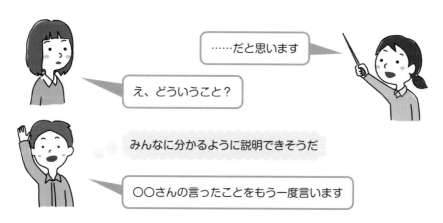

……だと思います

え、どういうこと？

みんなに分かるように説明できそうだ

○○さんの言ったことをもう一度言います

19 仲間の発言を聴いて、自主的に助言したり、修正したりする

　学び合いの授業では仲間の発言を聴いて考えて伝えることが基本です。このとき、聴いている子どもは仲間の発表・説明が正しいかを考えながら聴いています。その説明に間違いがあれば、それを自主的にやさしく指摘したり、助言したりします。

　これをすぐに教師が修正してしまうと、子どもは仲間の発表・説明を聴く力を育てることができません。

　子どもに発表させて、すぐに教師が補足説明する授業では、しばしば教師がこのように子どもの間違いを指摘しがちです。教師の「待つ」姿勢はこのスキルを指導するために必要です。

子どもが仲間の間違いを指摘して助ける　（小4　式を読む）

> 問題　正方形（1辺に〇が6つ）の全部の〇の数を求めましょう。

（気づきを伝え合う場面）
C1　1辺に〇が6つあるから6×6で求められる。
　C　えっ？
C2　6×6の式だと正方形の中に〇がないのにそれも数えてしまうよ（指し示しながら間違いを指摘）。
C1　もう一度言い直します（正しく説明し直す）。

　すぐに修正や補足説明するのではなく、教師はその様子をじっと見守ります。待ってから必要があれば、子どもにどうすべきかを教えます。

仲間の発表や説明が途中の場合には、続きを話したり、補足したり、言いたいことを自分の言葉で話したりする

これは身に付けたいスキル11「途中まででもよい」と関連しています。仲間の発表が途中の場合に、その子どもが言いたいことを共感的に聴いて、分かった子どもがその続きを話したり、よりよくしたり、自分の言葉で言い直したりできる子どもを育てます。

教師は、発表した子どもの発言の意図を汲みとり、「つなげましょう」あるいは「どんなことが言いたいのかな」などと子どもたちに聞き返して算数トークを促し、つなげて話す力を育てていくようにします。

友達の言いたいことをつないで話す　（小5　速さ）

問題：名古屋まで240kmの道のりを時速80kmで走ると何時間かかりますか。

個人学習で取り組んだ後、数直線に表現する場面です。

- C　そろそろ発表しませんか？
- T　途中まででもいいです。　←スキル11の指導
- C1　240÷80で3だから3時間です。
- C　いいです。
- C2　僕は時間と速さに目をつけて数直線をかきました。
- T　前に出てきてください。←スキル10の指導
- C2　（黒板に数直線をかきながら）まず、両方を0にします。ここまでいい？
- C　はい。
- C2　1時間に80kmなので、ここに1と書いて、同じところに80kmと書いて、答えは240kmを何時間になるかだから、さっきC1さんが言った通り、……ここからつなげてください。

T　つなげられませんか？　←スキル20の指導

C3　C2さんにつなげて、1時間に80km走れるから目的地までが240kmあ
　　るので、ここに240がくることは分かりますか？

C　はい。

C3　なので、ここの時間が知りたいので、ここが□になります。

C　はい。

　この発表場面ではC1の式と答えの発表に、C2が付け足していますが途中
で、「つなげてください」と助けを求めています。そこで、C3が数直線を使
ってC2さんに付け足して説明しました。

　このとき、学び合いスキル15も使って名前を出してつなげています。C2は
C1の名前を挙げ、C3はC2の名前を挙げて話しています。仲間の発言の中
に、自分の名前があることを聴けば、自分の存在がクラスで認められていると
いう感情をもつでしょう。

（8）考えの交流１の場面（15〜16日目）

> 21　黒板に出された解法を見て、自主的にどんな考えか、分からないところはないかなどを考え、質問したり、説明を要求したりする
>
> 22　仲間の発表や説明を聴いて、分からないことを伝えたり、質問したりする
>
> 23　考えを発表するとき、解決に役立った考え方や間違えそうになったことを話す

●こんな授業風景、見かけませんか？

　話し合い場面で、複数の解法が黒板に出された後、教師からの指示がなくても子どもは出された解法を見て考えているでしょうか？ 一人ひとりが話し合いの目的を自覚していれば、仲間の解法を見て、読み取ることが自然に始まります。

　仲間の考えを聴いた後に、クラスの子どもは全員理解できるものでしょうか？ 分からない子どももいると思いますが、分からないことの表明がないままに話し合いを進めていませんか？ 分かったふりをしなくてもよいことを子どもに教えることが大切です。

21 黒板に出された解法を見て、自主的にどんな考えか、分からないところはないかなどを考え、質問したり、説明を要求したりする

　黒板に解法が出されたとき、子どもはどうしていますか？

　教師の指示がなくても「自分や自分たちの考えと同じかな？　違うのかな？」「答えは同じかな？」「式や図はどうかな？」「どんな考えを用いているのかな？」などの視点から見ているでしょうか？　またまわりの子どもと算数トークをしていますか？

　このようなことができるようにするには、どのような視点で解法を見て考えたらいいかを明確にして伝えるようにします。また、フリートークの時間を確保し、まわりの子どもと考えを交流する算数トークを促すようにします。慣れてくれば、教師が少し待つだけで自発的に算数トークを始めるようになります。子どもたちの算数トークの様子を観察し、これまで指導してきた「自分も仲間も放っておかない」「仲間や学級のために貢献する」なども生かされていることを確認してみてください。算数トークがスムーズにできるようになれば、その後の話し合いも活性化しますし、学び合いの授業も順調に進んでいると言えるでしょう。

黒板の前に集まり、他班の考えを読解する

22 仲間の発表や説明を聴いて、分からないことを伝えたり、質問したりする

　話し合い場面で、仲間の説明を聴いたときに分からないことがあれば「○○が分からない」「○○はどういうことですか?」などの質問をしたり、分かったら自分の言葉でもう一度言い直したりすることができるスキルを育てましょう。学んだことを「他の人に教える」ことで、90%の学習定着が図られるという研究もあります。自分が理解したことを自分の言葉で表現できることは大切です。

　仲間や教師の説明を聴いて、すぐに理解できる子やすぐに理解できない子がいるのが現実です。したがって、授業の中で子どもが話したり、教師が話したりするとき「それって、どういうこと?」「分からない」などのつぶやきが自然に出てきて当然ですが、必ずしもこのようなつぶやきは多くないです。

　これは、学び合いの仕方が理解されていないこと、分かっていても言えない人間関係であること、話をよく聴いていないことなどが理由として考えられます。学び合いのクラスでは「分からない」がたくさん出されます。

「分からない」「もう1回言ってください」は仲間の理解を助ける発言

（小6　分数÷分数）

分数÷分数の計算の仕方について、逆数をかける方法、整数をかける方法が話し合われた後、2班の線分図による方法が発表される場面です。

C1　$\frac{2}{3}$mは$\frac{3}{5}$kg。でも$\frac{2}{3}$mだと出せないので、$\frac{1}{3}$mを出します。そうすると、$\frac{2}{3}$mを2等分して1つ分は$\frac{1}{3}$mです。だからその$\frac{2}{3}$mの重さ$\frac{3}{5}$kgを2等分したのが、$\frac{1}{3}$mの重さなので、$\frac{3}{5}÷2$をしたら途中が$\frac{3}{(5×2)}$になります。ここまで分かりますか?

C　え？

C　もう1回言ってください。←再説明を要求

C1　$\frac{2}{3}$mを2等分すると、$\frac{1}{3}$m分かる？重さも長さも同じなので、$\frac{3}{5}$を2等分した1つ分が$\frac{1}{3}$mの重さです。

C　分かりました。

C1　それが$\frac{1}{3}$mの重さになるには、$\frac{3}{(5 \times 2)}$します。それが3つあるので、$\frac{3}{(5 \times 2)} \times 3$をして、それをひっつけて、$\frac{(3 \times 3)}{(5 \times 2)}$になります。分かりましたか？

C　はい。

C1　これは（他班のわる整数の方法の式を指して）、$\frac{(3 \times 3)}{(5 \times 2)}$と同じです。分かったのは、記号だと、$\frac{b}{a} \div \frac{d}{c} = \frac{(b \times c)}{(a \times d)}$が分かりました。

　「分からない」「もう1回言ってください」という聴き手の反応が話し手C1の説明をより分かりやすくしています。さらに、2班の公式の発見の考えがクラス全体に共有されました。いつも決まった「いいです」の反応では、このような考えの深まりはありません。

指し棒を使って仲間に確認しながら説明する

考えを発表するとき、解決に役立った考え方や間違えそうになったことを話す

　これは、解法を発表・説明するときに、自分たちが解法を発見するのにどんな考え方を働かせて見出したのか、またグループ学習の中でどんなやりとりがあって、誰のアイデアがもとになって解法を発見できたのかなどを含めて話すことができることです。また、自分の誤った考えをグループの仲間との話し合いで修正できたことも大事な発表内容です。なぜならグループ学習での出来事をクラス全体で共有できるからです。とりわけ、新しい発見のきっかけになったこと、間違いがどう修正されたのか、2つの考えのうちどんな比較検討の結果、発表されたグループの考えになったのかなどは価値のある発表内容です。

　個人解決であれ、グループ解決であれ、解法発見までの過程において歩んできたプロセスをもっと聴こうとする仲間に話すことは、その考えの理解を深めることにつながります。また、このとき発表された考えが板書されれば、考え方の指導にもなります。思考過程に注目することの価値を子どもに知らせることになります。

　このスキルを身に付ければ、グループ学習でホワイトボードに考えをまとめるとき、解法に加えて、既習事項を根拠として表記したり、どんな考え方かも明示したりしようとするでしょう。

（9）考えの交流2の場面（17～18日目）

24　仲間の発言につなげて話す（異なる意見表明、理由を付け足す、例を挙げる、詳しくする、まとめる、繰り返す）

25　仲間の発表や説明を聴いて、共通点、相違点、関連性を伝える

26　考えを評価したり、よりよくしたり、とらえ直したりする

●こんな授業風景、見かけませんか？

　話し合い場面でいくつかの解法を子どもに順番に発表させた後、教師が補足説明し、教師がまとめてしまう授業があります。話し合いが、発表会になってしまい、理解が深まらないという悩みをもつ先生も多くいるようです。

　本来、授業の中心になる全体での話し合いの場面は、学習のめあてに対する答えを明らかにしていくために設けられています。しかし、子どもが問題の式を立て、答えを正しく出すことだけを目的としていたらどうでしょう。答えが出た時点で本時の目的を達成してしまっていることになります。これでは話し合う必要はありません。めあてを子どもと共有・確認することで話し合いの目的や意味をはっきりさせておく必要があります。

24 仲間の発言につなげて話す
(異なる意見表明、理由を付け足す、例を挙げる、詳しくする、まとめる、繰り返す)

　子どもどうしで発言をつなぐには、「つなぐ目的」を子どもが理解する必要があります。まず、「自分たちでつないで授業を作っていくこと」「一人では分からないことをみんなでつないで、みんなが理解できるようにしていくこと」を指導します。次に、そのために、仲間の発言をよく聴き、よりよく、より分かりやすくなるように考えてつなぐことを指導します。

　つなぐ言葉には次のようなものがあります。

「もう一度言います」	言い換える
「詳しく言います」「分かりやすく言います」	付け加える
「〜について質問します」	質問する
「別の意見を言います」	異なる意見を表現する
「〇〇さんは〜と言ったんだけど、……」	
「〜をもっと簡単にできます」	よりよくする
「〇〇さんに代わって説明します」	代理説明
「〇さんの考えのよいところは……です」	評価する
「分かったことがあるので言います」	変容・発見を表明する
「〇〇さんと〇〇さんの考えは……で似ています」	関連づける
「つまり、……」	まとめる
「だったら、……」	発展させる

　実際の授業の中で子どもたちにつなげていってほしい場面で、「〇〇さんにつなげましょう」とつなぐことを促し、子どもがつなげられたら、つなぎ方を解説して褒めます。日々の授業の中で「一人で終わらせないよ」とか「今の〇〇さんにつなげるように近くの子と相談しましょう」などと繰り返し指導していきます。

よりよい説明を導くつながる話し合い　（小５小数のかけ算）

　ひなたの「80×2.3の計算の仕方」を示唆する考えを説明し合い、よりよく説明することを目指した協同的問題解決をしている場面です。まずグループで相談し、クラス全体で話し合いながら、ひなたの考えの理解を深めています。

T　計算の仕方を考えるとかやりたいことあるけど、ひなたさんが途中まで考えてくれたので、続きを考えてほしい。	＊教科書のひなたの考えを読解し説明する問題提示
T　（ひなたの考えの提示）	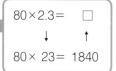
T　１分間グループで相談しましょう。	
（相談）	★相談させる
T　どのグループもみんな手を挙げているよ。今からみんなでどんどん付け足して詳しくしていって、ひなたさんの考えを説明します。	★褒める ★つないでいくことを伝える
C1　上の式は小数点があるけど、下の式は小数から整数に直しています。	・×整数に直している
C　つなげます。	
C13　2.3から23に10倍しています。	・2.3を10倍して23を作る
T　何て言った？	＊発言に注目させる
C　10倍。	
T　（様子を見て）まだつなげる、いいね。	★待つ
C2　なので、こっちも÷10します。	・1840→□の演算の説明
C6　なぜ÷するの？	・理由を質問する
C10　かける数を10倍したということは、積も÷10しないといけない。	・質問に回答する
T　もう１回つなげて、なぜ10でわるの？	★理由の説明を詳しくつなぐことを促す
C7　10かけると積は本当の答えより10倍になるので、積は後で÷10をする。	・C10の説明を詳しくしている
C　あー。	

C	分かりました。	
T	C7さんの言葉の中にすごくいい言葉があったよ。もう1回言って	★拾う ＊注意して聴かせる
C7	2.3を10倍したら、積も本当の答えより10倍になるので÷10をします。	・÷10の実感的説明
C	本当の答えではないので、÷10をする。	
T	本当の答えよりはいい言葉だね。本当の答えよりどうなったの？	★問い返す
C	大きくなった。	
C	戻す。	
T	それ言って。	★拾う
C14	本当の答えより大きくなっているから本当の答えに戻すために÷10をする。	
T	これには意味があるんだね。	
（板書） 「整数にする」「積が大きくなる」「戻す」		＊子どもの説明を待って、キーワードを板書する

　C1の発言「下の式は小数から整数に直している」をC13は「10倍して2.3を23にしたこと」と詳しくしています。さらにC2はこれに続けて、80×23の答え1884を10でわることを付け足しました。今度はC6がその理由を質問しました。これに対してC10が「かける数を10倍したから積も÷10しないといけない」と理由の説明をして回答しました。教師がさらに詳しくつながることを促すと、C7が「10かけると積は本当の答えより10倍になるので、積は後で÷10をする」と補足しました。このよい説明がクラス全体のものになるために、教師が「C7さんの言葉の中にいい言葉があったよ」と言ってから再度C7に言わせると、「本当の答えでないので、÷10をする」と全員が答えました。「本当の答えよりどうなったの？」と問い返すと、C14が「本当の答えより大きくなっているから本当の答えに戻すために÷10をする」と計算の仕方をよりよく説

明しました。

　このように子どもがつないでよりよい説明ができたのは、子どもが仲間の発言を聴いて考えて伝えることができたこと、教師がつなぐことを促したり、子どもの言葉に注目させたりしたことがあったからです。

　さらに、教師の役割として、グループ相談を促すことがあります。

　ひなたの考えをグループで相談する時間をとってから話し合いを始めています。ひなたの考えをすぐに理解できた子どもが挙手し、教師がすぐに指名していません。グループ相談は全員が話し合いに参加することを支えます。

活発なグループ相談

コラム

学級づくりに取り組んだ若手教員の体験談

　学び合いの授業に向けての授業改善も必要ですが、学級の雰囲気も大切なのではないかと思い、学級づくりにも力を入れることにしました。学級が楽しくなる取り組み、グループの仲間意識を高める取り組み、子ども一人ひとりのよさを認める取り組みなどを継続して行いました。すると、学級内のトラブルが減り、男女の仲もよくなってきました。友達のよさを認める発言が増え、学級でもグループでも友達と協力しながら活動する様子も見られるようになりました。同時に学び合いの授業への参加率が高まり、次第に算数以外の他の教科でも自分たちで学習を進めることができるようになりました。(芳賀北小Y.H.先生)

25 仲間の発表や説明を聴いて、共通点、相違点、関連性を伝える

　いろいろな解法が共有された後の話し合いの場面では、解法を比較検討して共通点や相違点を考えることが大切です。まず、この視点を指導し、異なる場面で繰り返します。次に、この学び方が理解できたら、発表後、教師がめあてや話し合いの目的を確認するようにします。すると、共通点を見出す活動に無理なく取り組めるようになり、やがて、自主的に伝え合い、話し合うことができるようになります。

T字型の多様な面積の求め方を比べる話し合い　（小4　面積）

T字型の面積の多様な求め方を見て気づきを伝え合う場面です。

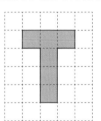

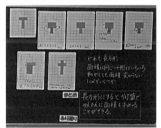

　T　気づいたことは？
　C1　全部長方形になっている。
　C2　どの形も答えが同じです。
　T　面積が同じですね。
　C3　（長方形の）形は違うけど、全部面積が同じです。

　C1とC2は共通点を指摘し、C3は2人の発言を関連付けてつなげています。このように解法を比べて話し合うときに、子どもたちに、「同じところはどこか」「違うところはどこか」と考えさせることで思考が深まります。

---

26 考えを評価したり、よりよくしたり、とらえ直したりする

　グループ学習や全体の話し合いで、発表された考えを聴いて、それぞれの考えを数学的な価値（ は 速く、 か 簡単に、 せ 正確に、 どんなときも 一般性）、すなわち「はかせどん」の視点から比べて、評価し合うことは大切な活動です。

　そのためには、授業で「はかせどん」の指導を行い、この視点で、自分や仲間の考えを聴いて評価している発言を価値付けることが必要です。

　例えば、話し合い場面で「〇〇さんの考えはいつでも使えるところがよい考えだと思います」という発言が出たら、その発言のよさを子どもに考えさせ、教師もそのよさを価値付けます。さらに、自分たちの考えをよりよくするために、「どうしたらいいか」を考えながら聴いたり話したりすることが大切なことを指導します。

　次の視点の意識は、考え方を振り返り深めていく活動へつながります。

・既習と関連付けられないか

・数学的によりよい表現ができないか

・発展的に考えたり、統合的に考えたりできないか

解法の比較検討の話し合い　（小5 複雑な体積）

　次の複雑な立体の体積を求める授業の話し合いの後半場面です。

　グループ学習の結果、等積変形の考え、あるとみての考え（補ってから引く）が出されました。

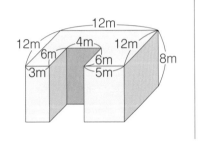

T	２つの共通することは何ですか？	＊統合的な考えの指導
	（待つ）	
T	近くにいるんだから、気づかなかったらきいて。	★相談を促す
	（算数トーク）	
C1	あるとみて直方体として考えても、移動しても式はどっちもかけ算を使っている。	・かけ算が共通して使われていることに着目
C	そういうこと。	
T	何かが共通しているから公式が使えるの？	
C	あー。	
T	自分だけのあーにしないで。	★仲間に伝えるよう促す
	（算数トーク）	
C2	全部、公式が使える形にする。	・図形の変形を指摘する
T	今のヒント使ってくれないかな。公式が使える形にしてるんだって、全部。	★大事な言葉を繰り返している
C3	全部、直方体の形にして見ている。	・統合的な考えが働いた表現
T	あるとみては巨大な直方体。こっちは細長い直方体、分けているけど。	
C	３つの直方体。	
T	３つの直方体に共通しているのは公式が使えるために直方体にしている。	
T	どれがやりやすい？	＊評価させる発問
T	移動法。	
C4	でも必ずできることでない。	・一般的でないことを指摘
T	いつでも使えないの？	★問い返して、方法の特殊性に焦点化させる
C4	この場合は使えるけど、例えば６cmが１つでも７cmだったらできない。	・具体的に説明する
T	もしここが７cmなら。	
C	使えない。	

(10)「まとめ・振り返り」の場面（19〜20日目）

> 27　問題を解決した後に自主的にグループの仲間と解き
> 　　方や答えを見せ合い、確かめる
> 28　自分でまとめを考え、相互に交流し、よりよいまと
> 　　めを考えようとする
> 29　振り返りで、分かったこと、仲間から学んだこと、
> 　　もっと考えたいこと、仲間とのかかわり方などを書い
> 　　ている
> 30　仲間と振り返りを交流し、仲間の振り返りのよいと
> 　　ころを見つけて知らせる

●こんな授業風景、見かけませんか？

　今日の授業のまとめの場面で、「今日のまとめは……です」と教師がまとめを黒板に書いて、それをノートに写させる授業があります。また、「今日のまとめを言いましょう」と子どもたちに問いかけ、挙手した子ども数人に発言させて、子どもの言葉を使ってまとめを作っていく授業があります。

　前者では子どもがまとめを考える機会がないし、後者は一見よさそうなまとめ方に見えますが、一部の子どもの考えだけでまとめを作っていて、クラスの子ども一人ひとりがまとめを考える機会はありません。つまり、発言した数名の子ども以外は、前者の教師によって与えられたまとめと同じように、出来上がったまとめを与えられているのと同じと言えます。

27 問題を解決した後に、自主的にグループの仲間と解き方や答えを見せ合い、確かめる

学び合いのクラスでは子どもができることは子どもに任せます。

授業展開の後半、適用問題の答え合わせの仕方についても、教師が子どもを並ばせて確認したり、解き終わった子どもが挙手して合図を教師に送り、教師が点検に来るまで待たせたり、教師が順番に巡回したりするというような光景を見ることがあります。しかし、自分たちで、互いに答えの確認をし合い、間違いを指摘してよいことを指導すれば、状況はすぐに変わります。

自主的にノートを見せ合い、答えを確かめ合う

上の２枚の写真は仲間を助けたり、答えを確かめたりする子どもの姿です。問題を解いた子どもは、仲間のノートやプリントを見て、タイミングを図りながら助言し助けています。助けられる子どもも自分の「分からない」「できない」を隠していません。一番の問題は「できたふりをする」ことです。学び合いのクラスでは「できたふりをする」子どもが「分からない」を仲間に伝える子どもに変容します。

適用問題でも、近くの仲間が困ったり間違ったりしていたら、仲間が分かりために自分から行動することを教えます。いつでも仲間からやさしく支えられているという安心感をもたせるようにしていきます。

協同学習の意味を子どもが理解すれば、クラスも子どもも確実に変わります。

28 自分でまとめを考え、相互に交流し、よりよいまとめを考えようとする

　まとめの場面は、本時の学びを自分で振り返り、学習のめあてに対する答えを作る場面です。ある意味、学習の振り返りの時間とも言えます。自分でどんなことが分かったのか、どんなアイデアや考えが問題解決に役立ったのかなどを考えることになるため、子ども一人ひとりがまとめをする時間を大切にする必要があります。また、まとめを考える上で、黒板に残されたキーワード（大切なアイデアや考え方など）は重要です。授業中に子どもから出された考えはホワイトボードにも残されますが、話し合いや見通し等の場面で子どもから出された発言の中で大切な言葉は教師が板書しておくと、学習のまとめ、振り返りに生かすことができます。

★まとめの仕方の例

　①グループで１分間、まとめについて話し合い、全体で発表する。

　②発表した子どものまとめをもとに、教師がキーワードを板書する。

　③キーワードを使って、一人ひとり、ノートにまとめを書く。

計算の仕方のまとめをつくる伝え合い　（小５　小数のかけ算）

　80×2.3の計算の仕方のまとめをグループで１分間相談させると、次のようなグループのまとめが報告されました。

G１　式に小数があるときは、小数をかけてできた答えをかけた分だけわる。

G２　整数×小数の計算は、小数を整数に直して整数×整数……。

G３　2.3の小数を×10して、整数に戻してから10倍した答えを求めて、本当の答えに直すために÷10する。

G４　整数×小数の計算の仕方は小数を整数に直して整数×整数の答えを倍し

た数でわる。

G5　整数×小数の計算は、まず小数を整数に直して答えを求めてから10倍し
　　　てから戻して答えを求める。

　どのグループも短時間の相談でまとめを作りました。具体的な2.3や10倍を
使ったまとめと、小数や倍して整数に直してから倍した数でわるというような
一般的なまとめが見られました。この後、教師が「みんなで書いていこう。最
初はみんな何をした？」と問い、「小数を整数に直して計算し、」と板書して待っ
ていると、子どもから様々なつぶやきが出されました。

C1　計算し答えを求める。

C2　出た答えを÷10する

C3　計算し戻す方が簡単

C4　÷10とは限らない。

C5　÷10とは限らないし、戻すやろ。

C6　倍した分だけ戻す。

　C6のつぶやきを教師が「その言葉いいね」と言い、「倍した分だけもどす」
を板書し、「小数をかける計算は、小数を整数に直して計算し、倍した分だけ
もどす」と一般的なまとめを子どもと作ることができました。

キーワードを与えたまとめづくり　（小5　複合図形の体積）

　グループ相談後に、「直方体や立方体の公式を使って、でこぼこな場合でも
体積が求められる」「公式が使える形にする」「4年のときに習った面積の方法
が使える」の考えが出されました。そこで教師は、「面積の考え、公式が使え
る、直方体・立方体」をキーワードとして板書しました。その後教師は、「こ
れらの言葉を使ってまとめを作りましょう」と指示し、子どもは一人ひとりノー
トにまとめを書いていました。（本書p78－79参照）

29 振り返りで、分かったこと、仲間から学んだこと、もっと考えたいこと、仲間とのかかわり方などを書いている

　振り返りができるようになるためには、まず、振り返りの視点を子どもにもたせることが大切です。これらの視点を、１つずつ与えたり、いくつかを組み合わせて与えたりして振り返りの仕方を指導していきます。

★振り返りの視点
①45分の学習での学びの変容について

　・分かったこと　　　　　　・大切だと思ったこと
　・できるようになったこと　・発見までの道筋

②数学的な考えの気づきについて

　・前の学習と比べて気づいたこと　・役に立った考えや方法
　・「はかせどん」はどれか

③学んだことを広げ深めることについて

　・次に調べたいこと　・チャレンジ問題づくり
　・学習したことを生活の中から見つけること

④学び合いでの変容について

　・仲間とのかかわり方　　・仲間から学んだこと
　・学び合いでの自分の進歩や仲間の進歩・説明をよりよくすること

　振り返る視点として、「学び合い」の視点も提示するようにします。仲間とのかかわりについて振り返らせることで、よりよい協同学習ができるようになります。

自分の学びを見つめ直す活動としての振り返り

（小5　整数×小数の計算の仕方　A児）

　今日はたくさんの人がつなげていたので、よかったと思います。でも次はもっとたくさんの人が反応してほしいと思います。反応があると、みんながどう思っているかが分かるからです。分かったことは、積が何倍大きくなったから、÷何をして戻すことが分かりました。

　ここには、反応することが学び合いの授業では大切であることが書かれています。また次にやってみたい発展的問題にも触れられています。本時の学びがA児にとって有意義だったことが分かります。

　次の振り返りは、授業後、自宅で書かれたものです。毎時間の授業の中で、授業の振り返りを書く時間を設定することは大原則ですが、時には、単元指導計画の中で子どもが本時の授業をじっくり振り返る時間を設定して、自分の成長を感じたり、仲間との学び合いのよさを実感させたりする機会を設けていきましょう。学校での時間の確保が難しければ、宿題として時間を確保し、自宅で授業を振り返らせてもよいでしょう。

家で書く振り返り　（小6　分数÷分数の計算の仕方　B児）

今日の授業では、分数の性質やこれまで習った計算が使えました。分数÷単位分数は単位分数を1にしたいから単位分数の逆数をかけたけど、今回は分数÷分数で、わる数を整数にしたいからわる分数の分母をかけると、しっかり根拠が言えるようになりました。	・既習事項が役立ったこと
この逆数をかけるのか分母をかけるのかは、これからの学習でも使える大切なポイントだと思います。だから、あれは使えるのか、あれと	・理由の説明ができるようになった自分の進歩

似ているなということを考えながら問題を解いていくことが大切だと思います。

　あと、たくさんのやり方を比べたけれど、結果的にはわられる数×わる数の逆数になっていることにびっくりしました。だって、最初に分母をかけていたのに、最後にはわられる数×わる数の逆数で、線分図は考え方も違うのに、最終的にはわられる数×わる数の逆数になっていたからです。

　班では、分かっていない人がいるのに進めてしまったので、相手を思いやっていきたいです。

　分数×分数でも、かける数を整数にするために、分母の数をかけていたと思います。私的には似ていると思いました（整数にするために分母をかけるところが）。あと、もし、わられる数が整数になっても、やり方は同じだと思うので、難しく考えないようにしようと思います。

　今日は、自分たちで納得のいく授業ができたので、よいと私自身は思います。この相手に伝わるように自分たちが教え合う授業はまた続けて伸ばしていこうと思いました。

・似ているに着目して見通しを考えることの価値
・統合的に考えている

・グループ学習の課題

・分数のかけ算と分数のわり算を統合して考える

・発展的な問題の解法の見通し

・学び合いの評価

30 仲間と振り返りを交流し、仲間の振り返りのよいところを見つけて知らせる

個人での振り返りの後に次のような活動を取り入れると、振り返りの仕方のスキルアップも図れます。

①個々の振り返りをグループ内で回覧し、仲間の振り返りのよいところに下線を引いて、コメントを書く。

②グループの仲間の振り返りのよいところを、学級に発表する。

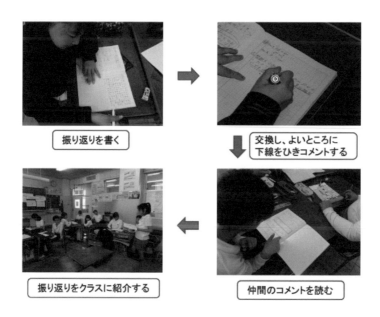

振り返りを書く

交換し、よいところに下線をひきコメントする

振り返りをクラスに紹介する

仲間のコメントを読む

じっくり振り返りをさせると時間もかかりますが、たっぷり時間をかけて自分の学びを振り返った子どもの振り返りは、今後の授業への意欲を高めることにもなりますし、子どもの学びをとらえる評価資料としても役立てることができます。

3章

「学び合い」の
年間指導計画

1 「学び合い」の年間指導計画

　「学び合いスキル30」を、年間を通して指導しながら、「学び合い」の授業、つまり「みんなで分かる。みんなが分かる」目標に向かって、子どもたちと教師がひとつになって授業をつくり上げていきます。

　子どもたちが学び方を身に付けていくと、授業は、劇的に変わります。さらに、1年間の見通しをもち学年や実態に応じて子どもの学び合いスキルを段階的に高めます。3章では、年間指導計画について説明します。4月から12月までに「学び合いスキル30」をいくつか選び、「学び合い」の授業づくりのための月別重点目標を設定しています（繰り返すスキルもあります）。学年やクラスの実態に応じた詳しい指導方法を月別に紹介します。

〇月別重点目標

4月	学び合いの授業のイメージをもつ
5月	授業は自分たちでつくる
6月	みんなに伝わるように話す
7月	グループ学習の仕方を学ぶ
9月	聴いて考えてつなぐ話し合いをめざす
10月	考えを深める話し合いをめざす
11月	学習を整理して、まとめをつくる
12月	学びの足跡を自分の言葉で書く
1月〜2月	学び合いの課題を見つけて補う

2 学び合いの指導　月別の重点目標

学び合いの授業イメージをもつ

①クラスのみんなが学ぶとは、途中まででもいい、間違っていても
　いい、教え合いながら学び合って全員が伸びる授業であることを
　教える。　　　　　　　　　　　　　　　　　　（スキル11、19、20）
②みんなが分かり、できる授業のために、思いやりをもって仲間の
　話を耳と目と心で聴くこと、そして「もう一度言います」「詳し
　く言います」と勇気をもってつなぐことが大切なことを教える。
　（スキル15、16、18）
③どんどんつなぐことで、仲間が分かるようになる、クラス全体で
　進める。そのためには自分の考えを勇気をもって伝えることが大
　切なことを伝える。　　　　　　　　　　　　　　　　（スキル24）

　4月は、20日間の学び合いスキルの指導とともに、教師が目指す学び
合いの授業について熱く語ります。先生の気持ちが伝わり、子どもたち
は、「途中まででもいいんだ」「間違ってもいいんだ」と安心し、自分の
思いや考えを話し始めるようになります。そこで、教師が伝えるときの
3つのポイントがあります。

👉**Point!**　1　子どもがなかなか話し始められなくても、笑顔で待ちましょう

　自分たちの身に付けた言葉の中で、考えや思いを表現しようとします
が、思い通りに表現することはできません。しかし、教師が分かりやす
くまとめて言い直すと、子どもたちはみんなに考えを伝える力が付きま
せん。教師は、子どもたちを信じて待つことが大切です。

　2　途中まででも、間違っていても、言えたら、必ず褒めましょう

　褒めることで、子どもたちが「話してよかった」という成功体験を積

ませることが大切です。

3　全力で先生や仲間の話を聴いていたら、必ず褒めましょう

　教師は、子どもが話を聴いているかどうか、子どもの様子を観察します。全力で聴くことがしっかりできている子は、上手に話すことができるようになり、考えながら聴くことができるようになります。時々、意図的指名を行い、聴いていたかどうか確認することも大切です。時には追い込む指導も入れますが、聴いていたら必ず褒めてあげましょう。

5月の重点目標　授業は自分たちでつくる

①相談（算数トーク）させ、仲間と相談したら、手を挙げて授業に
　参加する責任があることを教える。　　　　　　（スキル4、17）
②自分たちで授業を進めることを教える。　（スキル1、2、4、5、6、27）
③分からないこと、納得できないことは、聞き合って、助け合って
　よいことを教える。　　　　　　　　　　　（スキル7、21、22）

　授業が始まってすぐに算数トークができるクラスは、集中を切らさずに授業のゴールへと向かうことができます。それは、全員がスタートから授業に参加できているからです。子どもたちが主体的に取り組んでいくことで、「分かる」「できる」授業になります。

☞**Point!**　1　算数トークの制限時間を設定しましょう

　相談（算数トーク）する時間を設定すると、子どもたちはすぐに話し始めようとします。設定しないで始めてしまうと、子どもたちはなかなか話を始めようとしません。30秒前後程度が適当でしょう。そして、仲間と相談したら必ず全員が手を挙げて授業に参加することを教えます。

　2　仲間どうしで意見をつないで、自分たちで授業を進めることを教えます

　子どもが教師に向かって発言している姿を目にすることがあります。教師→子ども→子ども→子ども→とできるだけ、仲間どうしでつないで

いけるようにします。そのためには、子どもたちが主体的に取り組める
ように問題提示の工夫をし、気づきを生む問い返しが必要です。教材を
研究しておきましょう。

3　分からない、納得できないことは、聞き合い、助け合ってよいことを教えましょう

　子どもが「分からない」と言うことは勇気がいります。だから、「分
からないから教えてほしい」と言うことや、困っている子に気づいたら
助け合うことを教えます。また、教師が「自分の言葉で話しなさい」と
言うと、クラスが沈黙してしまうことがあります。子どもの発言を、毎
回教師が分かりやすく言い直したり、ずっと教師が話したりしていると、
しゃべらなくなります。まずは、「～自分の言葉で話す～」を1つずつ
教えることから始め、話すことに慣れてきたら、子どもたちのよい言葉
や話し方を、すぐに褒めます。クラスの使える言葉として掲示するなど
しましょう。そのとき教師は、「教師のSOS」（S：喋りすぎない、O：教
えすぎない、S：仕切りすぎない）を常に念頭に置き、授業をしましょう。

話し方　～自分の言葉で話す～

・気づきを言います。　　・答えを言います。　　・わけを言います。

・詳しく言います。　　・分かりやすく言います。

・～さんに付け足します。・～につなげます。・ここまではいいですか？

・～さんは…と言いましたよね。それは、…という意味なのだと思います。

・～さんと…は同じなのですが、…は違っていて、…だと思います。

・まず、…。次に、…。最後に…。……ですよね。

・もし、～だったら、…。　　・ここまではいいですか？

・答えはいくつになりますか？　　・この次はどうなりますか？

　全員が一つの課題を解決するために夢中になり、子どもたちから自然
に溢れてくる言葉でいっぱいになる授業を目指します。

　話し方と同じように、よいリアクションはその場で褒めて、カードに

書いて掲示してあげます。そのときの気持ちを「なるほどって納得して
もらえて嬉しかった」など、聞いておくとよいでしょう。

　全力で聴いてくれる仲間がいると、真剣に受け取り、真剣に返すので、
話し合いが深まっていきます。

聴き方　〜リアクションする〜

・（うなずきながら）はい。　・あっ。　・同じです。　・へえ〜。
・いいです。　・お〜。　・いいと思います。・違います。　・なるほど。
・そういうことか　・分かった。　・〜さんすごい。　・よい意見だね。
・でも……。　・〜さんと似ている考えだな。　　・ん？
・こんなふうにも考えられるんじゃないかな。
・それでいいのかな（私は〜だと思うな）。

6月の重点目標 みんなに伝わるように話す

---

①仲間の様子を気にしながら、相談し合うことを教える。

（スキル3、4、17）

②クラスの仲間全員が理解できるために、分かりやすく話すことを
　教える。　　　　　　　　　　　　　　　　　　　　（スキル10、13）

③仲間の反応を確認しながら、発表や説明をすることを教える。

（スキル12）

　「話し合い（初級）」では、みんなに分かるように伝える話し合いがで
きる授業を目指すことを指導します。

👉**Point!** １．常に仲間が理解しながら聴いているかを気にして相談を呼び
　　　　　　　かけることや算数トークして確認し合うことを教えましょう。

　子どもどうしの表情やつぶやきで相談することが必要であると感じた
ならば、「相談したいです」と、呼びかけてよいことを教えます。また

仲間の発言の意味を自主的に確認し合う算数トークができるように指導します。

2 前に出て黒板を使いながら、説明することを教えましょう

前に出て黒板を指したり、書いたりして説明することを教えます。見づらかったら、聴き手も黒板が見える位置に動いてよいことを伝えます。

3 仲間が理解できるように「ここまでいいですか？」などと確認しながら考えを話すことを教えましょう

話し手は、聞き手がきちんと聴いたり、理解したりできているかを問いかけて確認することを伝えます。さらに聞き手の反応に応じて、繰り返したり、より詳しく説明したりする仕方を指導します。

7月の重点目標 グループ学習の仕方を学ぶ

---

①グループ学習の約束や仕方を教える。　　　　　　（スキル8、9）

②グループ学習のレベルを確認して、レベルアップできるようにする。　　　　　　　　　　　　　　　　　　　　　　（スキル8）

〈グループ学習の4つのレベル〉

レベル1・話し合いながら協力して解法を見出している。

レベル2・仲間を気遣いながら、話し合いながら協力して解法を見出している。

レベル3・仲間を気遣いながら、話し合いながら協力して解法を見出し、表現の工夫をしている。

レベル4・仲間を気遣いながら、話し合いながら協力して解法を見出し、表現の工夫をするとともに、別の解法や新しい発見を考えている。

👉**Point!** 1 グループ学習の約束やグループ学習の仕方を教えましょう

低学年は、ペアから始め、学期後半から徐々に3〜4人のグループ形

態にします。相談はペアやグループですることや、ワークシートやホワイトボードは交代して使うことを教えます。また、自分の考えを話したり、聴いたりしているか、どこまで分かったかお互いに確認をするようにします。分からないときには、分からないと言えるようにします。相談したら、みんなで手を挙げることを教え、できたら必ず褒めます。次第に、子どもたちはお互いの考えを理解することのよさを実感することができるようになります。

　中学年の学習形態は３～４人グループです。ホワイトボードの効果的な使い方について（p98参照）指導します。必ず全員で見通しを立てて書くなど思考ツールとしても役立ちます。深い学びにつなげるためにも、「分かる？」「どうしてそうなるの？」と仲間どうしできき合いながら活発に活動していくことを教えます。グループの全員が「分かった！」となるまで話し合うことを伝えます。

　高学年の学習形態は３～４人グループです。学び合いの積み上げがない場合、委縮や遠慮でなかなか話し合いができないことがあります。また、決まった子がずっと話し、他の子たちが聞いているだけの状態があれば、変えていかなければいけません。初めての学び合い指導では、低学年用・中学年用も活用して指導します。

　以下に高学年、低学年、中学年のグループ学習の約束を紹介します。です。

「学び合い」のグループ学習の約束

　⓪：思いやりをもって
　す：すばやく
　し：しっかりと

1. 顔を見合おう。
2. すぐに話し始めよう。
3. 全員を意識して話そう。（友達を意識して）
4. よりよい考えについて話し合おう。
5. 自分たちの意見をまとめよう。
6. 全員が理解して言える事を目指そう。

よいこの グループがくしゅう

1 みんなで とく。
●こうたいで かいたり うごかしたり
「どう おもう？」
2 みんな わかったか かくにん
●わからないときは わからないと いう
「みんな わかった？」
3 手
●みんなで 手を あげる

みんなで わかる みんなが わかる グループ学習

ホワイトボードのかき方・使い方

～見ただけで考え方が分かるように～
①絵や図を使って
②短い言葉で
③かいたことを使って説明

☆「分かる？」「どうしてそうなるの？」
どんどん聴いて学び合おう
☆全員が「分かった！」…学び合い大成功！！

2　グループの話し合いのレベルを確認し、話し合いの質が向上できる
　　よう子どもたちに寄り添った指導をしましょう

　クラスの子どもたちのグループでの話し合いの様子を把握しておくこ
とが大切です。例えば、誰が理解し、理解していないか、誰が納得して
いないか、誰が話し合いに参加できてないかなどです。その上で、次の
ような支援が考えられます。

★子どもたちに寄り添う支援
①理解（納得）している場合→理解（納得）したことをもう一度グルー
　プの仲間に言う。「もう一度言うよ」
②理解（納得）していない場合→どこまでが理解（納得）して、どこを理
　解（納得）してないのかを仲間に伝えるようにする。「これ何のこと？」
③話し合いに参加できていない場合→グループの仲間が話したことを、
　繰り返して言えばよいことを伝える。
　　→言えないときは、仲間に聞くようにさせる。「Aさん何て言ったの？」
④参加していない仲間がいることに気づいた子がいた場合
　　→参加していない子に声をかけ、「分からないことはある？」「分から
　　　ないことは聞いていいんだよ」と言ってかかわることを教える。
　全員が仲間を放っておかないというやさしい気持ちで誰とでも話し合
うように、支援します。

★ホワイトボードを利用したグループ学習

　ホワイトボードを用いると、より協同的に学ぶことができます。

①自分たちの班の考えを仲間に伝えるための発表用の掲示物としての使い方

　・見ただけで考え方が理解できるように、書きすぎない。キーワードを別の色で書いたり、ポイントを囲んだりして工夫する。

②ホワイトボードにみんなで書き込みながら、班の考えをまとめるノートとしての使い方。

　・1人1本のマーカーを持って、自由に考えを書き込みながらみんなで検討して、よりよい考えを形成する。

③仲間の理解を促すための説明用のメモ用紙としての使い方

　・図、数直線や式などをホワイトボードにかきながら説明することで、仲間の理解を促す。

★ホワイトボードセット

　ホワイトボード用のマーカーは、いつでも誰でも書くことができるように、一人1本用意します。色ペンを使い分けて分かりやすく伝える工夫をすることができます。

グループ用ホワイトボードセット

　・ホワイトボード：グループに1枚〜2枚
　・ホワイトボード用マーカー（黒）：一人1本
　・ホワイトボード用マーカー（赤・青・緑）：1本ずつ
　・イレイザー：グループに1つ

★グループ学習でのタブレットの活用

　タブレットが個人またはグループにある場合、グループで書いたホワイトボードの内容をカメラで撮り、プロジェクターや大型ディスプレイに全グループの考えを提示することができます。図形などは、タブレット上で移動させながら、よりよい説明ができると考えられます。

①仲間の考えを読み取り、つなぐことを教える。　　（スキル20、24）

②仲間に考えが理解できるために、より分かりやすく工夫して話す

　ことを教える。　　　　　　　　　　　　　　　（スキル13、14）

③黒板に出された解法を比べて検討することを教える。（スキル21、25）

　話し合い（中級）では、話し合いの質を高めていきます。より分かり
やすくなる発表・説明を考えながら、仲間どうしの対話ができるように
指導していきます。

☞Point! 1　互いにグループの考えを読み解き、対話を通して納得の
　　　　　　　　いくまで話し合うことを教えましょう

　グループ学習後の考えの扱い方がとても重要になります。グループの
考えを順番に発表して終わりという授業を見ることがありますが、これ
では互いの考えを知る程度で終わってしまいます。納得できないところ
は、とことん聴き合ったり、話し合ったりすることで、考えが広がり深
まっていき、より授業が楽しくなっていきます。最初は簡単な内容で経
験を積ませることで、話し合うことの楽しさを味わわせていきましょう。

2　グループ学習後の全体交流での話し方・聴き方を教えましょう

★話し手に対する言葉かけの例

・「書いたものを読むのではなく、自分たちがどう考えたのか工夫して
　話そう」

・「グループで話題になったことやなぜこう考えたのかの理由を話そう」

・「途中で悩んだことや分からなくなったことをみんなに聞いてみよう」

★聴き手に対する言葉かけの例

・「伝え方のよいところを見つけながら聴こう」

・「自分たちの考えとの違いを考えながら聴こう」

・「よりよくつなげられないか考えながら聴こう」

・「他のグループがなぜこのように考えたのかをつかんで、後で考えが言えるようにしっかり聴こう」

①仲間の考えを理解し、よりよい説明ができるように、仲間や自分の考えを使って話すことを教える。 （スキル23）

②仲間の考えを理解し、よりよい考えに高めたり、新しい考えを見つけたりできるように、話し合うことを教える。
（スキル26）

③仲間の考えを聴いて、つないで、自分たちで話し合いを進めることを促す。 （スキル24）

☞Point! グループの考えの比べ方を教えましょう

「考えを比べるポイント」を子どもたちと確認し、視点をもって見ることを教えます。自分のグループの考えや解法と比較し、気づいたことは近くの仲間と共有します。その際、教師自身も全グループの考えを把握し、子どもたちの様子を見ておきます。予めどのように話し合いを進めていくか意見の取り上げ方を考えておきます。

くらべて、よりよい考えにしよう！
・聞いてみたいこと（しつ問）は何かな
・考え方（アイデア）は何かな
・同じところはどこかな
・ちがうところはどこかな
・はかせだどんはどれかな
・習ったこととつながらないかな

★言葉かけの例

・「○グループの考えのよいところは何かな」

・「どのグループの考えと同じかな」

・「分かりやすくつなげられるかな」

・「この考えを発展させられるかな」

・「表し方が工夫されているのはどれかな」

・「共通していることは何かな」

・「『は・か・せ・だ・どん』の考えはどのグループかな」

・「新たに分かったことや気づいたことはないかな」

［11月の重点目標］ 学習を整理して、まとめをつくる

①学習の整理の方法（授業で学んだことをノートに自分の言葉で分かりやすくまとめる方法）を教える。

②まとめ方を教える。 　　　　　　　　　　　　　　　（スキル28）

　まとめ方1　全体で話し合い、1つのものにまとめる。

　まとめ方2　全体で話し合い、個人でまとめる。

　まとめ方3　グループで話し合い、まとめる。

☞Point! 1　学んだことを定着させるために、学習の整理の仕方を教えましょう

　学習の整理のタイミングは授業の最後のように思われるかもしれません。しかし、タイミングは次のステップに進むために定着させたいと思うタイミングがベストです。そのため、授業の中で何回か整理することもあります。

　授業の前に確認しておきます。いきなり、「学習の整理をしなさい」と言われても、最初は何を書いていいのか分からない子どもたちも多いからです。徐々に自分たちでまとめることができるように、段階的に教

えていきます。例えば、穴埋め式のワークシートや黒板に途中まで書き、続きを書かせることから始めるとよいでしょう。

　学習の整理後、評価問題に取り組ませると、正答率が上がります。学習の整理の時間を確保しましょう。

2　子どもたちが工夫してまとめることができるように、まとめる方法を教えましょう

　授業のまとめは、子どもたち自身で作ることができます。「全体でまとめを作らせる」「全体で話し合ったことを、個人でまとめさせる」「全体で話し合ったことを、グループでまとめさせる」などまとめ方を教えます。授業によってどのようなまとめ方をさせるか考えておくとよいでしょう。話し合いの中で子どもたちから出てきたキーワードを、色チョークで強調して板書に残してしておくとよいでしょう。

12月の重点目標　学びの足跡を自分の言葉で書く

> ①振り返りの仕方を教える。　　　　　　　　　　　　　（スキル29、30）

☞Point!　深い学びのための振り返りの仕方を教えましょう

　授業の最後に、「振り返りを書きましょう」と指示しても、子どもたちは、授業の感想程度でおしまいにしてしまう場合も少なくありません。学習の内容を確認する、自分や仲間の変容や成長を見つめる、新たな課題を見つけるなどの振り返りによって、深い学びへとつながります。

　深い学びへとつながるようにするためには、まず、振り返りの視点を示し、視点をもって書くことができるように教えます。次に、手本になるような振り返りをクラスの子どもたちに示します。教室に掲示したり、プリントして子どもたちに配布したりするのもよいでしょう。授業に入る前に、前時の授業の振り返りを紹介し、本時のめあてにつなげるのも効果的な示し方です。下図の上が高学年用、下が低中学年用です。

ふり返りの視点

1 1時間の学習の変容
分かったこと・大変だと思ったこと・発見までの道のり
2 算数的な考えの気づき
前の学習と比べて・役に立った考えや方法・「は・か・せ・だ・どん」の方法は
3 学んだことを広げ、深める
次にやってみたいこと・学習したことを生活の中から見つける
4 学び合いでの変容
友達の良い考え・友達から学んだこと
学び合いでの自分の進歩や友達の進歩・よりよくするために

ふりかえり

1 学んだこと・大切だと思ったこと
できるようになったことなど

2 ともだちの考えのよさ

3 つぎにいかしたいこと
これから学しゅうしてみたいこと

★自分のことばで今日の学びをまとめよう

★振り返りでのタブレットの活用

　授業支援コンテンツを利用していれば、評価問題や振り返りシートを
個人のタブレットに配布したり、回収したりできます。簡単に課題の評
価ができるようになります。ノートの場合もノートに考えをしっかり書
かせた後に、カメラで撮影して教師に提出させ、個人のシートを評価し
コメントを入れて、個人のタブレットに返却できます。

　前時の振り返りの内容を全員で共有する場合は、クラス全員の振り返
りを送信すれば、タブレットや大型ディスプレイで同時に見合うことも
できます。タブレットなどの端末にもよりますが、家庭学習にも活用で

きます。効果的に活用するには、いつ、どこで、どのように使うかという授業デザインがポイントになってくるでしょう。

1～3月の重点目標 学び合いの課題を見つけて補う

> ①8か月の学び合いスキルの指導での成果と課題を洗い出し、足りないスキルを指導する。

☞ **Point!** 8か月間をかけて取り組んできたことを振り返り、成果と課題を洗い出し、まだ十分ではないものに重点をおいて教えましょう

　8か月間をかけて「学び合い」の授業を作り上げてきました。子どもとともに教師も成長できたことでしょう。また、対話のある授業により、新しい授業デザインのアイデアが膨らんだことでしょう。教師はいろいろな場面に応じた「学び合いスキル30」の指導法を身に付けてきました。この「学び合いスキル30」は、子どもを変え、教師を変え、助け合って生きる人間らしさを引き出してくれました。笑顔があり、安心があり、明日へ向かおうとする姿が子どもに見られたなら、大成功です。発表しなかった子が自分の考えを言えるようになったらそれが喜びです。まだ、心配な子がいたら、まだできそうだという子がいたら、9か月目からは、その姿を思い出して月の初めに、再び重点スキルを決めて指導するとよいでしょう。根気強く寄り添い導くことが大切です。続けることによって、子どもたちにもよい変化が見られてきます。生き生きと目を輝かせながら、体を前のめりにして話を聴いたり、自ら進んで前に出て話したりしている子どもたちが増えることでしょう。

3 「学び合い」の授業づくりで 学校も教師も変わる！

　ここでは学び合いの授業づくりを学校研究として推進された小学校の廣瀬智子先生（塩谷町立玉生小学校長）と斎藤和久先生（矢板市立片岡小学校長）の所感を紹介します。

　『算数の学び合いの授業を始めて２年。学校の中に流れる空気が、変わってきたように感じました。学び合いの授業を紹介された頃は、一部の教師が関心をもち、自分の学級で取り組んでみるという程度でした。うまく授業が進まず、御指導いただくことが多かったのですが、教師が正解を導き出すために主導していく授業とは違って、子ども一人ひとりの気づきや考えをグループや全体でつないでいく子ども主体の授業は、子どもたちが正に学んでいるのだという姿が見て取れる授業でした。学習指導要領が改訂され、完全実施を前に模索していた「主体的・対話的で深い学び」とは、このような授業なのではないかと、授業者だけでなく参観した教師も実感として感じたのだと思います。

　学び合いの授業が校内に広がるのには時間はかかりませんでした。当たり前のように、どの学級も毎日の授業がグループの形態で進められ、子どもたちの学ぶ声が校内に響いてきました。グループの友達と真剣に考える表情、自分の言葉で一生懸命説明する姿、分かった時のキラキラした目の輝き、１年生から６年生まで、楽しそうに学ぶ姿が見られました。考えることが楽しい、一人で考えて分からなくても、友達に教えてもらい一緒に考えると案外分かるという安心感があり、学び合いの授業は子どもたちからも歓迎されました。算数好きの子どもが増えたのは言うまでもありません。

　本校は学び合いの授業力を付けたいという要望もあり、石田教授を指導者としてお招きし、実施した研究授業は一年に十数日、予定を大幅に上回りました。御指導いただきたい教師が、進んで研究授業を行うというスタイルにしておりましたが、ほとんどの教師が何度も取組ました。私の長い

教師としての人生に、研究授業をこんなにやりたがるということは、なかったことです。子どもも教師も学ぶことを楽しむ、この学び合いの授業に出会ったことを、校長としても大変うれしく思っています』（廣瀬校長）

『算数科の授業は、問題解決型で多くの授業が展開されてきました。これらの学習過程で、「グループの話し合い」は、どの考えを発表するかの準備であり、「学級全体での話し合い」は、グループの代表が考えを発表し合う場でした。このような学習の中で、活躍している子どもは数人であり、「同じです」「いいと思います」という言葉が多く飛び交って授業は展開されていました。このような授業で、子ども一人ひとりの知識・技能を高め、思考力・判断力・表現力を培うことができているのだろうかと、ここ数年、疑問に思うようになっていました。

3年前、石田淳一先生の授業研究会に参加し、協同的な学びを中心に据え、子どもどうしが、一緒に考えて解決する「学び合い」の授業を知りました。石田淳一先生の「子どもの5つの聴き方」「子どもの10のつなぎ方」「11の教師の働きかけ」を参考に、「学び合い」の授業を学校課題として実践しました。子どもたちは、自分の考えを伝え、仲間の考えを聴き、子どもどうしが考えや意見をつなぐようになってきました。「分からない」という子どもには、仲間が親身になって説明します。グループ、学級全体のどちらの学び合いでも、子どもどうしが聴き合い教え合うことで、一人ひとりの理解が深まっていきました。教師は、子どもの表情を見て待ち、つぶやきを聴いて、発言をつなぐように促します。

子どもは、算数の授業に生き生きと取り組み、他教科等でも学び合う場面が多く見られるようになってきました。また、学び合いの授業を通して温かい人間関係が築かれ、自己肯定感も高まってきています。これこそ、現学習指導要領が求めている「主体的・対話的で深い学び」の実現に向けた授業改善です。若い教師もベテラン教師もこの学び合いの授業を実践してみましょう。これが、授業改善につながり、教師が変わり、子どもの「主体的・対話的で深い学び」につながり、子どもが変わっていきます』（斎藤校長）

【執筆者一覧】

石田淳一（東京家政大学家政学部教授）　　　　　　1章2節3節5節、2章

関本恵美子（栃木県芳賀町立芳賀南小学校教頭）　　　1章1節、3章

佐々木知子（前広島市立大町小学校長）　　　　　　　1章4節

高橋里佳（栃木県塩谷町教育委員会指導主事）　　　　　　3章

（編集協力）

朝川佳子（広島市立伴南小学校教諭）

【編著者紹介】

石田　淳一

京都大学教育学部卒、筑波大学大学院教育研究科修了、同教育学研究科退学後、愛知教育大学助教授、筑波大学教育学系講師、横浜国立大学教育学部教授を経て、現在東京家政大学家政学部児童教育学科教授。学術博士。2002年度英国オックスフォードブルックス大学にて在外研究。全国各地の小学校で指導講演を行っている。
主編著『活用力を育てる算数授業』（東洋館出版社）、『子どももクラスも変わる！「学び合い」のある算数授業』『「学び合い」で必ず成功する！小学校算数「割合」の授業』『聴く・考える・つなぐ力を育てる！「学び合い」の質を高める算数授業』『「学び合い」の算数授業アクティブ・ラーニング』（いずれも明治図書）などがある。

20日間でできる
学び合いスキル30の算数指導

2021（令和3）年3月30日　初版第1刷発行
2023（令和5）年5月30日　初版第2刷発行

編著者：石田淳一
発行者：錦織圭之介
発行所：株式会社 東洋館出版社
　　　　〒101-0054　東京都千代田区神田錦町2丁目9番1号
　　　　　　　　　　　コンフォール安田ビル2階
　　　　代　表　TEL 03-6778-4343／FAX 03-5281-8091
　　　　営業部　TEL 03-6778-7278／FAX 03-5281-8092
　　　　振替　　00180-7-96823
　　　　URL　https://www.toyokan.co.jp
装　丁：mika
印刷・製本：藤原印刷株式会社
ISBN978-4-491-04414-9／Printed in Japan